不进行研究的投资，就像打扑克从不看牌一样，必然失败。

——彼得·林奇

二十几岁不可不知的投资理财常识

肖琼◎编著

時代 成都时代出版社
CHENGDU TIMES PRESS

图书在版编目（CIP）数据

二十几岁不可不知的投资理财常识 / 肖琼编著 .-- 成都：成都时代出版社，2018. 1

ISBN 978-7-5464-1880-3

Ⅰ . ①二… Ⅱ . ①肖… Ⅲ . ①投资—基本知识 Ⅳ . ① F830.59

中国版本图书馆 CIP 数据核字（2017）第 160391 号

二十几岁不可不知的投资理财常识

ERSHIJISUI BUKEBUZHI DE TOUZILICAI CHANGSHI

肖　琼　编著

出 品 人	石碧川
责任编辑	干燕飞
责任校对	李　航
装帧设计	范　磊
责任印制	陈晓蓉
出版发行	成都时代出版社
电　　话	（028）86621237（编辑部）
	（028）86615250（发行部）
网　　址	www.chengdusd.com
印　　刷	三河市祥达印刷包装有限公司
规　　格	710mm × 1000mm　1/16
印　　张	17
字　　数	240 千字
版　　次	2018 年 1 月第 1 版
印　　次	2018 年 1 月第 1 次印刷
印　　数	1–8000
书　　号	ISBN 978-7-5464-1880-3
定　　价	42.00 元

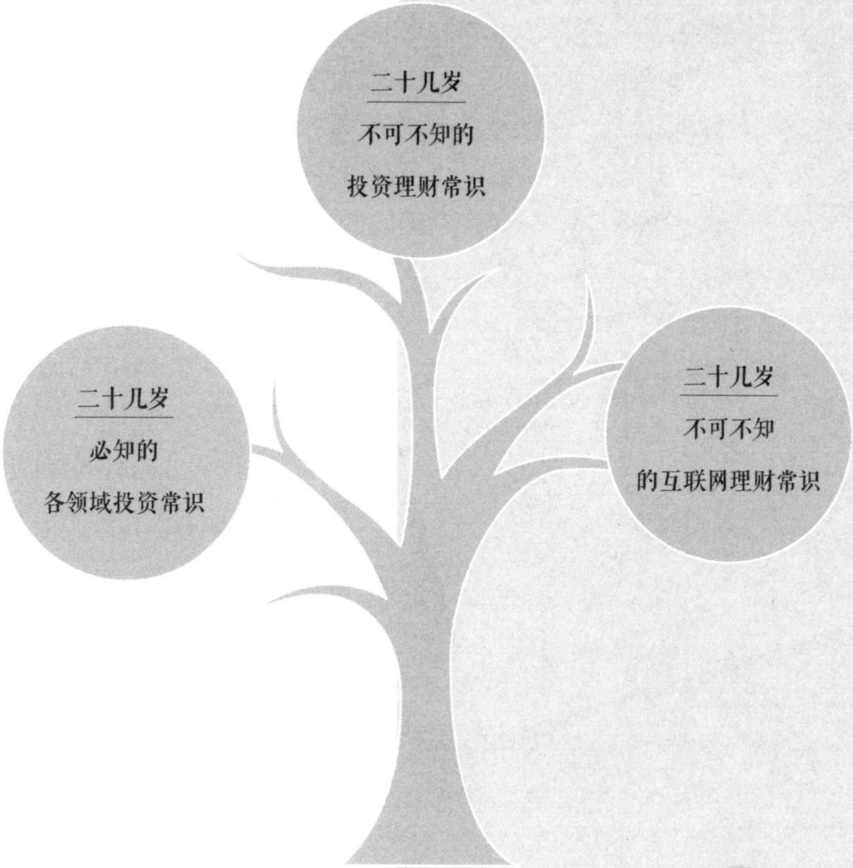
二十几岁
不可不知的
投资理财常识
二十几岁
必知的
各领域投资常识
二十几岁
不可不知
的互联网理财常识

本书概要

1. 二十几岁不可不知的投资理财观念
2. 二十几岁投资理财必备的金融常识
3. 二十几岁应该知道的银行理财
4. 二十几岁应该做好投资理财规划
5. 二十几岁不可不知的消费技巧
6. 二十几岁不可不知的基金投资常识
7. 二十几岁不可不知的股票投资常识

8. 二十几岁不可不知的外汇投资常识
9. 二十几岁不可不知的房产投资常识
10. 二十几岁应该了解的收藏投资常识
11. 二十几岁不可不知的网上理财常识
12. 二十几岁不可不知的众筹投资常识
13. 二十几岁不可不知的P2P理财常识
14. 二十几岁不可不知的移动理财常识

前言

股神沃伦·巴菲特曾经说过：“人一生能够积累多少财富，不取决于你能够赚多少钱，而取决于你如何投资理财，钱找人胜过人找钱，要懂得钱为你工作，而不是你为钱工作。”经济学家郎咸平也说过：“当下，已是全民理财时代，是否参与投资理财将对个人或家庭的财务状况产生决定性影响。理财不只是富人的游戏，穷人更需要学会理财。”

理财就是对个人的财富进行科学、计划和系统的管理与安排。简单来讲，就是科学合理地分配自己的钱财。理财与人们的生活息息相关，对于不具备理财方面知识的人，想合理有效地利用它并不是一件十分容易的事，这需要理财者对自己的资产十分了解，更需要具备一些理财方面的常识，每个人都可以通过学习和实践掌握其中的奥妙。

善于理财的人总是能够让自己的财富不断增加；缺乏

理财技巧的人，即使当下拥有家财万贯，也可能在很短的时间里挥霍一空。在西方发达国家，投资理财已经成为一个受人追捧的热门行业，而且投资回报有可能占总收入的一半甚至更多。可以说，投资理财就是创造财富。

致富是人生的一个过程，需要慢慢积累。然而，现在二十几岁的人大多心浮气躁，总是妄想一夜暴富，显然这是不切实际的幻想。二十几岁要脚踏实地，一步一个脚印地获得财富，想要达到这一目的，就要学会投资理财，让自己的资产慢慢升值。

本书以二十几岁的年轻人为主要对象，详细论述了二十几岁不可不知的理财观念、金融常识等，并从储蓄、基金、股票、外汇、房产、收藏以及互联网理财等方面详细介绍了各种理财工具及其应用技巧，紧密结合各种数据、案例以及当前时事热点等进行详细分析，使本书内容更加贴近生活，更加实用。本书内容编排清晰合理，便于及时查阅，方便读者学习与应用。

目录

CONTENTS

第一篇　二十几岁不可不知的投资理财常识

第1章　二十几岁不可不知的投资理财观念

二十几岁的你要提高财商 / 4

二十几岁是投资的黄金时期 / 5

你不理财，财不理你 / 6

不投资也会有风险 / 8

信心，投资成功的基石 / 9

没有最好的，只有最合适的 / 11

“鸡蛋”不要放进同一个篮子里 / 12

学学投资大师的理财法则 / 14

二十几岁投资理财要理性 / 15

◎ 理财小测试：测测你的财商 / 18

第2章　二十几岁投资理财必备的金融常识

二十几岁必懂的金融概念 / 20

投资中如何估算投资回报 / 21

GDP：投资必懂的经济指标 / 22

选择的机会成本 / 24

复利：资产增值的秘密 / 25

投资行情：了解投资行情不吃亏 / 26
通货膨胀：别把钱放在卡上 / 27
货币时间价值：时间就是价值 / 28
保险：有保障方无后顾之忧 / 29
◎ 理财小测试：从风险承受力测试看哪种理财方式适合你 / 33

第3章 二十几岁应该知道的银行理财
二十几岁你要定期“储蓄” / 36
储蓄理财：积少成多的良方 / 37
银行理财不同的储蓄方法 / 38
怎样防范银行储蓄风险 / 41
请给你的银行卡“减肥” / 44
别被信用卡“套住” / 45
让储蓄闲钱获益良多的通知存款 / 48
银行理财产品的投资 / 49
如何规避银行理财产品的投资风险 / 52
银行理财产品误区的避免 / 54
◎ 理财小测试：你会理财吗 / 56

第4章 二十几岁应该做好投资理财规划
设定财富计划，一步步实现财富目标 / 58
合理的理财目标是理财的动力 / 59
二十几岁如何做好收入分配 / 61
“白领”工资规划的自制策略 / 64
“二人世界”的理财规划 / 66
中高收入阶层的投资计划 / 69
二十几岁做好婚姻理财规划 / 72
◎ 理财小测试：你的财富涨幅大吗 / 74

第5章 二十几岁不可不知的消费技巧

二十几岁的你要合理支出 / 76
二十几岁最容易陷入的消费误区 / 77
价格再疯降，购物不疯狂 / 78
理性消费，购物要精打细算 / 81
记账——随时随地的理财方式 / 83
二十几岁应该学习的节俭生财诀窍 / 85
送给二十几岁的“外食族” / 87
网上购物十大省钱窍门 / 89
◎ 理财小测试：你是传说中的“败家子”吗 / 93

第二篇 二十几岁必知的各领域投资常识

第6章 二十几岁不可不知的基金投资常识

认识并读懂基金 / 98
该怎么选择货币型基金 / 100
紧跟股市脚步——指数基金 / 102
基金投资“七宗罪” / 104
基金投资的常见方法 / 106
基金投资的常见误区 / 109
如何选择基金分红方式 / 111
基金定投：最适合年轻人的投资策略 / 113
◎ 理财小测试：你如何处理借债问题 / 115

第7章 二十几岁不可不知的股票投资常识

哪些人不适合闯荡股市 / 118
股票投资要学会适时地停损 / 120
新手如何选择股票 / 121

股票投资要有耐心，不能操之过急 / 123
跟好庄家站好队 / 124
如何选择最佳的入市时机 / 126
股票卖出的最佳时机 / 128
股市风险：股市有风险，入市须谨慎 / 130
投资者怎么进行短线投资 / 132
◎ 理财小测试：你有炒股瘾吗 / 134

第8章 二十几岁不可不知的外汇投资常识

真正的以钱赚钱——外汇理财 / 136
初次炒汇，这些知识必须懂 / 138
慎重地进行外汇投资 / 140
拉响红色警报，熟悉外汇风险 / 142
外汇买卖的技巧 / 144
防守是外汇交易的最重要前提 / 146
外汇期权交易技巧 / 147
◎ 理财小测试：看看你的金钱焦虑指数 / 149

第9章 二十几岁不可不知的房产投资常识

二十几岁应该知道的房产投资常识 / 152
如何算好房产回报率 / 153
房地产投资的风险及控制 / 155
掌握技巧，轻松投资二手房 / 157
经济适用房：必须通过资格审查 / 159
期房和现房，适合的才是最好的 / 161
投资小产权房产要谨防“雷区” / 163
巧用房贷，使“房奴”变房主 / 164
“以房养房”应规避的投资风险 / 168
◎ 理财小测试：看看自己是个怎样的理财人 / 170

第10章 二十几岁应该了解的收藏投资常识

什么是艺术品收藏投资 / 172
艺术品收藏投资有哪些步骤 / 173
小心艺术品收藏投资的误区 / 175
收藏投资须谨慎，稍有不慎会满盘皆输 / 176
投资收藏需要掌握的操作要点及原则 / 178
邮票，胜过股票的增值之选 / 180
玉石翡翠，投资收藏的不二之选 / 182
钱币投资，让“私房钱”变“小金库” / 184
◎ 理财小测试：从喜欢的收藏看投资性格 / 186

第三篇 二十几岁不可不知的互联网理财常识

第11章 二十几岁不可不知的网上理财常识

互联网时代，别让钱“躺”在钱包里 / 190
网络理财，年轻人的首选 / 191
了解网络，网上理财的第一步 / 192
互联网精神，开辟投资理财新未来 / 194
抓住互联网的理财机遇 / 196
互联网化的金融新玩法 / 197
适合二十几岁年轻人的理财神器 / 201
◎ 理财小测试：你适合网上理财吗 / 204

第12章 二十几岁不可不知的众筹投资常识

现代化众筹，投资理财新热潮 / 206
众筹五大模式，投资理财怎么选 / 207
选择最合适的众筹平台 / 209

众筹投资风险多，必须谨慎防范 / 211
众筹投资，还是非法集资 / 212
众筹投资必须了解的法律法规 / 214
投资者如何识别众筹造假项目 / 216
◎ 理财小测试：从购物测试你的投资潜能 / 218

第13章 二十几岁不可不知的P2P理财常识

P2P 投资理财离我们很近 / 220
P2P 投资理财常见术语 / 222
你必须知道的 P2P 投资误区 / 223
P2P 投资的资产配置技巧 / 226
我国主要的 P2P 网贷平台 / 227
P2P 平台很多，如何选择 / 229
P2P 投资必知的四条“红线” / 231
掌握 P2P 投资理财原则 / 233
◎ 理财小测试：你适合 P2P 投资吗 / 235

第14章 二十几岁不可不知的移动理财常识

移动平台虽好，且“理”且“警惕” / 238
手机理财请走出这些误区 / 242
手机如何投资贵金属业务 / 244
手机上购买保险 / 246
盈盈理财——让财富变得简单 / 247
阿里理财——余额宝 / 250
腾讯理财——微信理财通 / 252
淘宝理财——理财产品也能上淘宝买 / 254
◎ 理财小测试：1 分钟测测你是哪一款投资者 / 256
参考文献 / 258

第一篇
二十几岁不可不知的投资理财常识

第1章

二十几岁不可不知的投资理财观念

理财是一种生活理念，是对自己金钱的一种合理处置。理财和不理财的区别在于，理财的人能够更好地管理利用自己的资金，利于财富增长；不理财的人只会安于现状，不懂得合理规划自己的资产，甚至会出现过度消费的情况，让自己的经济出现问题。对于二十几岁的人来说，要树立正确的理财观。

二十几岁的你要提高财商

自从哈佛大学心理学博士丹尼尔·戈尔曼出版了《情商：为什么情商比智商更重要》一书后，一时间，情商似乎比智商更能决定人的命运和一生。一句“情商低”能直接否定了你的人格自尊，成为他人攻击你的武器。之后，随着罗伯特·清崎、莱希特的著作《富爸爸穷爸爸》的畅销，“财商”也成为大家热议的词汇。

财里财外

我们可以看到许多有钱人并不是出身名门望族，也并没有接受过高等教育，但他们却积累了很多的财富，这是什么原因呢？究其实质，就是因为这些人具有高财商。

下面我们看一看高财商的人具有的基本特征：

1. 在经济上独立自主，在生活上采取一些舒适但不奢侈的生活方式。

2. 拥有自己的住宅，而且几乎没有欠款。

3. 大多是白手起家，具有承担风险的精神，即使前方困难重重、艰难不断，他们也都能继续奋斗下去。

4. 不是工作狂，有充裕的时间和家人、朋友在一起。

5. 热爱自己的工作，有积极的工作态度和十足的信心。

6. 工作时十分专注、集中精神，用自己最大的努力获取最大的回报。

7. 不随大流，无论做什么生意、投资什么项目，他们都会进行冷静地分析和判断。

生财有道

财商是人在经济社会中的生存能力，可以判断一个人对金钱的敏锐度。

财商被越来越多的人认为是实现成功人生的关键。

当然，一提到财商，很多人就会想到金钱，而一想到金钱，很多人就会想到“俗”。其实与钱挂钩不能称作“俗”，因为很多事情、很多东西是没有钱无法办到、无法买到的。就如同电视上经常上演的一幕：自己最亲的人得了重病，急需一笔高昂的医疗费用。试想，如果因为你没有钱而使亲人错过了最佳的治疗时机，亲人离开了你，其结果会是怎样？你是否会自责，是否会暗暗发誓，将来一定要努力赚钱，赚好多好多钱？从社会发展方面说，现代社会是一个经济社会，一切可以计量经济价值的东西都可以被转化成简单的金钱关系。也就是说，在现代社会，你必须提高你的财商，必须让自己富裕起来。

那么，如何才能提高财商呢？你不妨尝试以下方法：

1. 多读一些财务方面的书或报纸。

2. 为自己打工，有承担风险的能力。

3. 把自己的一部分时间花费在税务顾问身上，多向他们请教。

4. 为自己制订适宜的目标，并用坚忍不拔的毅力实现自己的目标。

二十几岁是投资的黄金时期

二十几岁正是人生财富创造的开始阶段，如果你现在开始学习投资理财，这对以后能轻松面对生活有很大帮助。不要把年轻看作潇洒的借口，人生大多经不住折腾，“三十而立，四十不惑”，不要人到中年，还两手空空。在潇洒之前先努力准备好潇洒的资本，才是真正的潇洒！

财里财外

拥有“股神”之称的巴菲特在《2016 胡润全球富豪榜》上，以 4500 亿人民币跃居第二。他是早期投资理财的典型。巴菲特在 11 岁时，就开始投资第一支股票。他和姐姐把自己的零用钱都投到股市上，刚开始的结果并不理想，一直赔钱，他姐姐觉得得不偿失，放弃了。而小巴菲特一直坚持了三四年，最后证明，巴菲特的想法是正确的。

巴菲特在20岁时考上了美国的哥伦比亚大学。在大学的那段时光，跟他年纪差不多的年轻人整天就知道玩游戏，或是看一些休闲的书，而他则对金融知识非常痴迷，对各种保险业的统计资料充满热情。虽然当时他的本钱并不多，但在他高财商的运作下，“金钱”的雪球越滚越大。

1954年，巴菲特去了他渴望已久的葛莱姆教授的顾问公司任职。两年后，他借钱筹资10万美元，和别人合伙成立了自己的顾问公司，公司增值30倍后，他解散公司，还清欠款，用盈余开始了自己的投资。

巴菲特能有今天的财富，就是靠着投资理财创造的。他从11岁开始，一直坚持不懈，才成就了今天的“股神”和全球排名第二的亿万富翁。

生财有道

人的一生会经历着很多阶段，上学时，我们可以从父母那里获得经济来源，可以“两耳不闻窗外事，一心只读圣贤书”；但现在的我们已经开始走向社会，面对的问题多了，柴米油盐、结婚生子、孩子教育，还要面临不低的生活成本和很大的生活压力。因此，我们要提前规划、学会理财，扭转被动的生活局面，主动创造，而不是被动接受。

学会理财是一种好习惯，好习惯越早培养越好，它还有助于培养我们积极乐观的生活态度，让我们将来的生活更有保障，让自己在前行路上充满动力，面对生活的曲折，也能从容淡定，安然于心。

二十几岁，是一个充满热情和追求的黄金时期，在这个年龄段养成良好的投资理财习惯，将会大大助益于我们之后的生活。所以，学会投资理财至关重要！

你不理财，财不理你

理财除了可帮工薪族创造财富外，还可以帮助平凡的人创造机遇。理财就是懂得如何以钱赚钱，这样累积财富的速度会远比靠着每月的微薄薪水、节衣缩食度日来得快。

财里财外

英国著名作家哥尔德斯密斯是有名的“烂债王”。他才华横溢，但却总是身陷债务纠缠中，无法自拔。他常常刚偿还完一笔债，马上又欠别人另一笔债。在身无分文的时候，他靠做家教赚了一笔钱，但又很快把这些钱花得精光。似乎在任何时候，这名“逍遥自在”的债务人都是一贫如洗的，不仅被债主三番五次地催讨欠款，还因缴不起房租而被捕入狱。一位才华横溢的作家，怎么会落得如此下场？原因就是，虽然他的稿酬不菲，但因为他不会理财，致使自己常常陷入经济窘困的境地。

生财有道

“你不理财，财不理你”。大部分人会认为，投资只是有钱人的事，其实不然，每个人都应该学会理财的技巧。

想要积累财富就要学会理财，只有理财有方，财富才会源源不断地流进你的口袋。

做个理财高手，你需要有明确的计划。赚钱其实就是一种灵感和创意，只有学会理财，敢于尝试新的投资领域，才能用小钱赚到大钱，从人找钱向钱找人转变。

时代的进步也促进了人们理财观念的转变，认为从牙缝里省钱不如利用智慧赚钱。善于理财的人，就是善于运用钱财的人，他们不愁没钱做事，并能以很少的钱做很多的事。从挖掘“第一桶金”到“桶桶赢金”，他们充满着果敢和自信。

理财是一个过程，理财合理不仅省钱，同时还会带来愉悦感，有一种掌握生活的成就感。理财不只是为了生活的富裕，更是一种正确的人生观及态度。

不投资也会有风险

众所周知，投资有风险。世界上根本就没有稳赚不赔的生意，只要你有投资活动，就有亏损的可能。于是，很多聪明人就想，投资有风险，那不投资总该没有风险了吧？很多上班族不愿承担风险，他们老老实实地勤奋赚钱，把钱藏在家里的保险箱里，只要不被抢走或是烧毁，应该就没有任何风险了吧？对不起，其实不投资也是有风险的。

财里财外

34年前，张天德夫妇省吃俭用省下来了400元钱。当时的400元对一个普通家庭来说算得上是一笔巨款了。夫妇俩觉得把这笔钱放在家里或是拿出去投资都不保险，最保险的办法就是把钱存在银行里得利息。

把钱存进银行后，因为家里一直不用钱，因此这钱一直在银行里存着。34年后，已经白发苍苍的张天德想起了他的这笔“巨款”，于是就让儿子拿着当初的存单到银行把钱连本带利都取出来。张天德觉得钱存了三十几年，现在一定能得一大笔钱。

可是，儿子几经周折才从银行连本带息取出了895元，张天德有些不理解。

这是为什么呢？34年前的400元可以在当时的省会城市买上20平方米的房子，或者2800斤大米，可是现在的895元钱能买什么呢？张天德很失望，可是他知道自己谁也怪不着，要怪也只能怪这无情的“岁月神偷”。

岁月不仅“偷”走了他的青春，也悄悄地“偷”走了他的财富。岁月让34年前的一笔“巨款”变成了如今的895元钱。

生财有道

在经济发达的社会里，表面上看起来你手里的金钱是越积越多，但其实你的财富并没有因此而增加。为什么会出现这样的情况呢？因为不投资就会面临来自两个方面的威胁。

第一个方面的威胁就是通货膨胀。故事中，张天德手里的金钱就是因为通货膨胀而遭受了巨大损失。

第二个方面的威胁就是生活质量下降。很多人为了避免风险，不愿意去进行必要的投资。比如，很多人都觉得股市风险太大，所以从来都不愿意涉足，而是把手里的钱存进银行，觉得这样做就可以避免风险。其实这样的想法是错误的。因为股市早就成为社会经济不可分割的一部分，它的影响力早就已经渗透到了社会经济的方方面面，和我们每个人都有密切的关系，不管你炒不炒股，都会受到股市的影响。股市大跌的时候，整个社会经济一片低迷。尤其是股市崩盘之后，因为银行大量倒闭，企业也大量倒闭，工作机会会越来越少，没有工作，人们的生活质量毫无疑问会大幅度地下降。

因此，我们应该擦亮自己的眼睛，不要被表面的现象所迷惑，不能因为有风险就不去投资理财。我们应该把眼光放长远一些，用投资理财去开创自己的幸福人生。

信心，投资成功的基石

社会上那些投资成功的人，很大程度上在于他们能够相信自己。这种对于自己坚定不移的信心，给他们带来了勇气，支撑他们经历一次又一次的打击，直至坚持到最后的成功，看到黎明的曙光。

财里财外

二十四岁，普通的出身，年轻的生命，凭着自己准确的判断和锲而不舍的精神，用借来的五万美元、用了十年的时间，打造了亿元身价，他就是美国“投资鬼才”——巴鲁克。

当时，计算机行业正兴盛，国外品牌的电脑进入国内市场，而国外开发的各种软件也相继进入，计算机行业再次面临各种机会的诱惑。很多厂商选择了风险小、赚钱快的方式——直销国外的硬件和软件。

然而，巴鲁克一直致力于开发本国、本民族的财务软件。在他看来，软件应用离不开技术和服务的本地化支持。国外的软件再好，无论怎样改进，其母版仍是国外的，并不能完全适应本地人的需求。民族软件的优势就在于此，不仅完全做成了应用、服务的本地化支持网络，而且在软件设计上更符合当地企业的实际状况。

正是凭借这一优势，2000年，巴鲁克击败国外各大著名公司，以不菲的价格拿下了仅软件服务就高达一千万美元的大洋公司财务软件合作项目，巴鲁克的判断力再一次得了高分。

在确定计划之前考虑周全，在计划实施后坚定自己，这是巴鲁克的成功之道，是我们要学的投资态度和投资方式。投资，就要坚定自己的眼光，避免犹豫不决带来的财富损失。

生财有道

很多人对投资有一定的误解，认为投资不是自己所能驾驭得了的，势必有专业的知识才能和非凡的天赋才行，这是错误的观念。投资能力也是从开始一分钱到后来一万元的经验中得来的，连尝试开始的信心都没有，怎么谈成功?

投资理财也不必过分依赖投资理财专家，他们也不能百分百保证能成功，否则这些投资专家早就腰缠万贯了。投资专家的意见可以借鉴，但不能完全听之任之，把你的命运交给别人主宰是一件非常危险的事，投资始终是要依靠自己，参与这个过程很重要。

事实上，很多业余投资者本身有很多内在的优势，因为不相信自己，便不能加以利用，如果能够发现并利用自己的优势，你未必比投资专家逊色。

坚信自己，相信自己的才能和判断力，才能做自己的投资专家！

没有最好的，只有最合适的

俗话说“适合自己的，才是最好的”。就像穿鞋子，鞋子再浮华、再漂亮，与自身气质不搭，显得另类怪异，就不能说是一个好的选择。“适合自己”是投资者在选择投资类型时应保持的一种良好投资习惯。

财里财外

谢老板是一个养殖个体户，他手头上现在有10万元的闲置资金。这笔闲置金一个月后要拿去付货款，但是谢老板觉得就这样闲置一个月有些可惜，想要用来购买一只偏股型基金，但他又不知道这只基金是好是坏。于是，他打电话咨询一个做基金的朋友小李。

谢老板在电话里问道：“如果这时候，我买了一只偏股型基金，正好赶上一个下跌的行情，一个月下来跌了20%！等到割了肉交付货款之后，市场好起来了，不到一个月又涨了40%！那么，对于我来说，这只基金到底是好基金还是坏基金呢？”

小李听了谢老板的问题，很客观地对谢老板说：“这世界上没有所谓绝对好的基金。只能说，适合的才是最好的。”

在朋友小李的讲解下，谢老板明白，每个人的投资必须根据自身的特点来定，像谢老板这样的就不适合再买其他基金了，因为这笔资金下个月有其他用处。光从时间上来说，就是一个不好的基金。但是谢老板如果能长期购买这只基金，就是好基金。

最后，谢老板放弃了购买这只基金的意愿。

生财有道

任何事只有适合自己，才能取得期望的结果，做不适合自己的事，结果往往会事与愿违。试想一下，投资也一样，要选择适合自己的产品和方式。

那么，如何选择适合自己的投资呢？专家有以下两点建议值得参考：

第一，投资风险要与自己承担风险的能力相适应。不同投资者选择的投资产品理应存在不同。注重稳保的投资者注重资金的安全性，适合国债等有固定收益的投资工具；而愿意承担较大风险的投资者，可潜心选择普通股，尤其是具有成长潜力的普通股。当然，所有的投资都应以你净资产所能承受的风险为依据。

第二，选择自己感兴趣的投资。随着社会的快速发展，人们的生活水平大大提高，古玩、字画、邮票等投资品种也进入很多家庭。选择自己感兴趣的产品，一方面可以继续自己的兴趣爱好，另一方面你也可以因兴趣快速了解投资产品的行情，对你进行产品投资有利。通过投资收藏品获得丰厚的经济效益和精神陶冶，不失为一箭双雕的美事。

另外，产品投资还要与自己的家庭收入状况相适应，千万不可盲从。

“鸡蛋”不要放进同一个篮子里

每个人都有自己的投资方式，但有一个做法是适合每个人的：分散投资。通俗来讲，就是“不把所有的鸡蛋放在同一个篮子里”，这样才能保证资金不被套牢。这是一种良好的投资方式和习惯。

财里财外

在分散投资、多元经营方面，默多克可以说是一个成功的典范。

默多克是世界报业大亨，美国著名的新闻和媒体经营者。1980年，默多克将注意力转移到图像上，因为他敏锐地察觉到过去的报业投资方向太单一了。

1985 年，他买下了威廉·福克斯的 20 世纪福克斯电影公司，经过一年的改造，这个小型独立电视台就成了一座巨大的宝藏。

1993 年，默多克看到中国市场的巨大利润空间，为了进军中国市场，他果断卖掉了《南华早报》，买下了卫星电视网，并在同时发行了 5000 万新股，结果在股票上市 8 个月后，上涨的股市所带来的收益完全弥补了原来的资金短缺。

2001 年 6 月，中国香港特区出台了关于有线电视特许权的新政策。具有前瞻性的默多克为了适应中国香港特区实行的这种新政策又作了一个决定：把自己在香港有线电视有限公司的股份额从 48%提高到了 100%。他在随后发表的声明中说："我们很高兴能成为全部所有者，这是一个重要的保证，它将保证我们在香港进一步大规模投资。要知道，香港是我们经营的大本营之一。"

正是因为默多克掌握了分散投资的原理，并绝妙地运用，巧妙地躲避风险，才有今天的巨大成功。

生财有道

"不要把鸡蛋放在同一个篮子里"，是投资理财的好方式。单一的投资方式会让投资者面临一定程度的风险，而多种理财方式可以确保个人财富的稳步增长。

以下是适合二十几岁年轻人"混搭型"的投资理财方式：

1. 银行储蓄 + 短期理财产品

银行储蓄是比较传统的理财方式，再搭配短期的理财产品，周期短、效益高、风险较小。这种搭配能帮助你在短期内获得较高的收益。

2. 货币基金 + 固定收益类产品

货币基金 + 固定收益类产品，保本投资与风险投资相结合，这种方式能获得长期稳定的收益。遵守"二八原则"，两成资金购买固定收益类产品，而八成资金用于购买货币基金，安全性高、按日计息、流动性好，能随时赎回，保证了本金稳定收益，比银行存款利息高。

3. 60% 固定收益类产品 +20% 货币基金 +20% 股票

建议 60% 固定收益类产品 +20% 货币基金 +20% 股票等，多配置一些固定收益类理财产品，本金有保障的同时，收益也更加稳定，不失为一种稳健的投资理财方式。

4. 50% 股票 +30% 固定收益类产品 +20% 货币基金

这属于一种激进型的投资理财方式。这种投资组合能让投资者在短期内使投资组合的价值达到最大，不过高风险的产品所占比重较大，投资也需小心谨慎，量力而行。

学学投资大师的理财法则

在投资方面或许我们永远也做不到像李嘉诚那样成功，但他们的投资理财方法和理念却能给二十几岁的年轻人带来一些启示和指导，会让二十几岁的投资者在投资理财的道路上少走一些弯路。

财里财外

李嘉诚蝉联香港首富十几年，无人能撼动他在华人圈的影响力。1943 年，李嘉诚为了养活母亲和 2 个弟妹，被迫辍学进入社会谋生。1950 年，他用平时省吃俭用积蓄的 7000 美元在筲箕湾创办了自己的塑胶厂，命名为“长江塑胶厂”。1972 年“长江实业”上市。1995 年 12 月，长江实业集团 3 家上市公司的市值总共已超过 420 亿美元。2015 年，李嘉诚的身价为 2736 亿美元，是实至名归的亚洲首富。

生财有道

从早年每天劳作 16 个小时的打工仔成为亚洲投资界的“超人”，李嘉诚有自己的一套投资理财方式，更有自己独特的投资理财心得。

30 岁后要管钱：人到中年，如何管钱比较重要。30 岁正是财富积累的重要时期，这个时候，理不理财将决定未来生活质量的高低。

理财要有足够的耐心：理财在短时间内是看不出效果的，一个人想要通过理财在短时间内快速致富是不现实的。投资不是“投机”，投资是长期的事情，甚至是一辈子的事情。

先难后易：每年存 1.4 万元，平均投资回报率 20%，只要 20 年，资产就能累积到 261 万元。如再继续坚持 20 年，就可能成为亿万富翁。当然，要保证每年都有 20%的投资回报并不是件容易的事情。

李嘉诚的成功不仅仅是凭借他做事的方法，其中更有一些做人的道理，我们不妨通过李嘉诚所说的以下这些普普通通的话语，来仔细体会他成功的原因。

（1）在事业上谋求成功，没有什么绝对的公式，但如果能依赖某些原则的话，能将成功的概率提高许多。

（2）我认为勤奋是个人成功的要素，所谓“一分耕耘，一分收获”。一个人所获得的报酬和取得的成果，与他所付出的努力有着极大的关系。运气只是一个小因素，个人的努力才是创造事业的最基本条件。

（3）年轻时我表面谦虚，其实我内心很骄傲。为什么骄傲呢？因为同事们去玩的时候，我去求学问；他们每天保持原状，而我的学问日渐提高。

二十几岁投资理财要理性

成功的投资者都具有活跃的思维、理性的大脑，会根据自身的需求和外界的形势，作出适合时宜的分析和判断，最大限度地避免被纷繁变化的金融市场存在的假象所迷惑，作出盲目决定。

财里财外

几年前，全球经济持续低迷，黄金价格暴跌，曾创下单天下跌20%的纪录，市场的低迷使得华尔街大鳄们不得不悲观地做空黄金。然而，有一个特殊的群体撑起了低迷的黄金市场——“中国大妈”。中国大妈们强势入市，抢夺华尔街黄金。说有多少买多少照单全收有点夸张，但最终的成交额也令人吃惊，消耗300吨黄金，资金竟达1000亿元人民币，这一举动令整个华尔街都为之震动。

中国大妈们曾经转战比特币、炒房地产，大动作频频。凭借“抄底黄金”的魄力成为舆论关注的焦点。至此，“中国大妈”已不是一种称呼，它代表一个群体。但“中国大妈”给人的印象并不是很好：钱多人傻——很有钱，但缺乏基本的金融投资常识，盲目跟风抄底，什么赚钱就抄什么，抱有很浓的投机心态。

人们调侃、嘲讽中国大妈，甚至在投资界有一则笑话：“作为投资者如果实在不懂投资奥秘，记住一条就够了：‘中国大妈’进场了，你就赶紧撤吧，免得血本无归！”

生财有道

在当前的大形势下，二十几岁的你该如何克服投资的盲目性，避免受利益的诱惑作出非理性投资呢？你需要从多个方面去准备。

1. 心理准备

投资，并非处处都是鲜花，鲜花的旁边也许就是陷阱。大众在投资某个项目之前，一定要有充足的心理准备，无论是成功还是失败都必须承受得起。

很多投资者太过于乐观、自信，只是想赚大钱，从而忽视了其风险。互联网金融比其他产品更难把握，盈利与亏损往往就在一瞬间，因此投资互联网产品需要更谨慎。缺乏准备而失败的例子比比皆是，很多人也许就是怀着试一试的心理，结果一不小心深陷其中。

互联网金融从业务范围上看，包括了债券业务、支付业务、信贷业务、保险业务、虚拟电子货币业务和股权众筹业务等，几乎涵盖了社会政治、经济和文化的方方面面，可供选择的投资领域宽，可以购买的金融产品多。正因为如此，互联网金融投资是一项技能要求非常高的行业。好的投资者不仅谙熟各种金融产品的交易程序和方法，而且掌握各种技术分析手段，要能很快地估算、比较各种金融产品的预期收益。

从某种程度上说，是否具备良好的心理素质直接决定投资者在互联网金融投资中能否获得成功。

2. 知识储备

掌握的知识储备越丰富，金融投资的胜算越大。如果对金融知识一窍不通或者知之甚少，最好是及早坐下来，认真补上这一课。如既不愿意补课又不愿意学习，只是尽情享受互联网金融带来的便捷服务，那就尽量远离互联网金融投资，免得“赔了夫人又折兵”。

3. 顺势而为

在投资行业有句话很流行：市场永远是对的。因为市场这只“无形的手”有巨大的自我修复和完善功能，给国民经济健康发展提供了无限的可能性。要想在互联网金融投资市场有所斩获，就必须不断地修复自己的思维，尽量减少个人思维和判断中的主观色彩，尽量符合市场的走势，尊重市场，随市场的发展趋势及时、理性、科学地调整自己的投资策略。

任何金融工具包括市场的走势绝对不存在所谓的“规律”，也没有可以绝对保证获利的“公式”可循，如果有，岂不是投资者人人都成了百万、千万富翁？

许多专家、学者通过研究以往历史资料，声称自己找到了某个金融产品涨跌的规律，而后，只要这些因素重复出现，便在新闻媒体中大肆鼓噪投资者去购买。先不管这些专家、学者的立场如何，如果这些专家、学者不是什么亿万富翁，那么奉劝投资者就不要轻易相信他们说的话，要懂得依靠自己的观察与判断，来决定是否购买。

理财小测试：测测你的财商

下面一个小测试，一共10道题，来测测你的财商。非常同意／对（10分），一般／还好（5分），不同意／错（0分）

（1）“双11”打折好划算啊，不买就亏了！看看有哪些在促销，一定要买一些。

（2）信用卡真好用，一下子就能把喜欢的东西都买了，要去多申请几张。

（3）每月的钱都不知道跑到哪里去了，居然稀里糊涂就没了。

（4）找人来打扫好是好，就是价钱不便宜，我还是自己勤劳点算了。这种钱要省。

（5）小孩的保险比我的重要，他（她）是我们家未来的希望。

（6）1万元的投资，运气不好亏了10%，变成了9000元，那么再赚10%就可以扯平了。

（7）这几个投资给出的回报都是10个点，那我随便选一个把钱投进去就可以了。

（8）这个投资那么划算，不买才怪，立刻签合同，马上交钱。

（9）投资风险太大，我还是把钱放在家里的保险箱里算了。

（10）假设银行储蓄每年给我5%的利息，那么我投1万元，10年以后至少就是5000元的利息。

答案解析：

30分以下：恭喜你，你的财商很高，是个理财小能手！

30~60分：你有一定的理财知识，但还可以做得更好！

60分以上：看来你还是理财小白，不过也没关系，现在就学起来！

如果你1~5题的得分较高，那么你可以多多了解什么叫“合理花销”。

如果你6~10题得分较高，那么可以补充一些投资知识和概念。

第2章 二十几岁投资理财必备的金融常识

投资不是买彩票，更不是赌博。要通过投资理财获得良好的收益、实现理财目标，就要为投资理财进行知识储备，而一些基本的经济学概念是提升投资者投资理财段位的一把金钥匙。

二十几岁必懂的金融概念

金融是现代经济的核心，随着中国经济的不断发展，各种金融理财产品如债券、基金、股票、房地产等，都开始与我们的生活息息相关起来。现代社会，人人都离不开金融，金融知识对于我们来说非常重要，对于投资理财来说，懂得金融知识和金融概念也是很有必要的。

财里财外

你知道什么是金融学吗？金融学在古代不是独立的学科。如在中国，一些金融理论观点散见在论述“财货”问题的各种典籍中。它作为一门独立的学科，最早形成于西方，叫“货币银行学”。近代中国的金融学，是从西方介绍来的，有从古代经济学直到现代经济学的各派货币银行学说。

生财有道

金融就是资金的融通，是货币流通和信用活动以及与之相关联的经济活动的总称。广义的金融泛指一切与信用货币的发行、保管、兑换、结算、融通有关的经济活动，甚至包括金银的买卖；狭义的金融专指信用货币的融通。

1. 现代金融业

金融的出现是商品交换方式发展到货币媒介时期才形成的。在纸币流通时期，金融才逐步发展和建立起来，并形成了一个金融业。所以金融业是经营金融产品的特殊行业，包括银行业、保险业、信托业、证券业和租赁业等。

在现代金融业中，银行的地位是举足轻重的，金融体系也是一个国家的银行和其他各种金融机构的组织构成的总和。

2. 金融对象

金融对象主要是货币（资金）。由货币制度所规范的货币流通具有垫支性、周转性和增值性。

3. 金融方式

以借贷为主的信用方式为代表，金融市场上交易的对象，一般是信用关系的书面证明、债权债务的契约文书等，包括直接融资和间接融资两种方式。

4. 金融场所

金融场所即金融市场，包括资本市场、货币市场、外汇市场、保险市场、衍生性金融工具市场等等。

5. 金融危机

金融危机又称“金融风暴”，是指一个国家或很多国家与地区的全部或大部分金融指标（短期利率货币资产、证券、房地产、土地价格、商业破产数和金融机构倒闭数）的急剧短暂和超周期的恶化。

物价持续上升，就业形势出现逆转，居民收入和购买力都明显下降，从而加速了金融危机的爆发。

投资中如何估算投资回报

正确合理的投资能够帮助投资者积累财富，实现财富的增值，而这往往需要投资者在面对众多的投资方案时，有能力选出最佳的投资方案并施行。那么如何获得最佳的投资方案呢？这就需要投资者在考虑投资风险、投资期限、投资额度等因素外，还要估算投资回报。

财里财外

投资回报是通过投资而应返回的价值，即一个人从一项投资活动中得到的经济回报。例如：有两个投资方案，甲方案投资 1 万元，一年后预计可获得 1000 元，回报率是 10%；乙方案投资 2 万元，一年后预计可获得 1500 元，回报率为 7.5%。假定甲、乙两个方案的投资风险是相同的，那么你会选择哪一个方案呢？

从绝对额上看，很多人会选择乙方案；从相对值来看，10%>7.5%，甲方案优于乙方案。这就是投资回报。

生财有道

投资理财的目标必然是为了获得收益，正确预估投资回报有助于投资者在面对多种投资方案时作出最优的选择。

在预估报酬的时候，通常有两种计算方式。一种是报酬额，就是以绝对数额表示的金额；另一种是回报率，就是用相对值表示的比率，公式为：投资回报率（ROI）= 年利润或年均利润 ÷ 投资总额 ×100%。

用这两种方式评估出来的结果是不同的，有时甚至截然相反。可以通过下面的例子来进行比较：

假设有两个投资方案，甲方案投资 5 万元，一年后预计可获得 5000 元，回报率是 10%；乙方案投资 10 万元，一年后预计可获得 6000 元，回报率是 6%。从绝对值来看，后者优于前者；从相对值来看，前者又优于后者（10% >6%）。

若投资时二者只能取其一，就应选择乙，因为在计算报酬时，早已把资金成本考虑了进去；如果两个方案不互相排斥，就应该优先选择甲方案，因为甲方案的回报率高于乙方案（前提是假定风险是一样的）。

如果投资者的资金充裕，可以优先选择绝对额高的投资，如果资金只够投资一种，那么就应该选择回报率最高的一种投资产品。

GDP：投资必懂的经济指标

GDP 是在经济领域中出现最频繁的词语之一，每个季度中旬国家统计局都要发布季度 GDP 初步统计数据。GDP 之所以重要，是因为 GDP 是衡量一个国家或地区经济实力的重要表现。对于二十几岁的年轻人来说，了解一定的 GDP 数值，对投资理财有很好的引导作用。

财里财外

GDP（国内生产总值）英文全称为 Gross Domestic Product，我国于 1985 年建立 GDP 核算制度。1993 年中国正式取消国民收入核算，GDP 成为国民经济核算的核心指标。在 GDP 核算时，将所有可以在核算时获得的、适用的经济统计调查数据都用于 GDP 核算。资料来源主要包括两部分：一是国家统计调查资料，如农林牧渔业、工业、建筑业、批发和零售业、住宿和餐饮业、房地产业等统计调查资料、服务业抽样调查资料、人口与劳动工资统计资料、价格统计资料等。二是行政管理部门的行政记录资料，例如中国人民银行的金融机构本外币信贷收支情况、国家税务总局分行业的税收资料等。

生财有道

GDP 是一个国家（国界范围内）所有常驻单位在一定时期内生产的所有最终产品和劳务的市场价值。主要有以下几个概念：

1.GDP 是个价格概念

一个国家或地区生产的东西很多，从衣服、食品、住房到汽车等。这些东西如果用一个标准来计算，那就是把它们换算成价格，用量价的方式表示，不是价格的东西不能算进 GDP 里。

2.GDP 是最终产品的价格之和

“最终产品”就是用于最后消费，而不再投入到生产中去的产品。也可以说 GDP 表示的是一个国家或地区的人民所能享有的福利。

3.GDP 是个生产概念

只要是新生产的东西，都可以算进去，不管是否卖出去。比如生产了 10 元的产品，只卖出去 8 元，GDP 就是 10 元而不是 8 元。

4.GDP 是个流量概念

GDP 是“一年内”的产量，所以是流量。“一年内”的意思是，GDP 统计的东西必须是这一年新生产出来的。

5.GDP 是个地理概念

我国的 GDP 是指在中国境内（暂不包括我国的香港特别行政区、澳门特别行政区和台湾地区的 GDP）生产的全部最终产品的价值。只要是在中国境内（包括境内外资企业在内）生产的产品，都算作我国的 GDP。

GDP 可以说是反映人民福利的指标，因此 GDP 不应该只是把产值计入，还应该将使得福利降低的东西排除掉，这样调整后的 GDP 叫作“绿色 GDP”。

选择的机会成本

机会成本是指在经济决策过程中，因为选取某一方案而放弃另一方案所付出的代价或丧失潜在的利益。在生活中，有些机会成本可用货币来衡量，但有些机会成本往往无法用货币来衡量。在投资理财中的机会成本，往往都是由货币价值来衡量的。

财里财外

什么是机会成本呢？例如：有一块土地，既可以用来种西瓜，又可以用来种草莓。若种西瓜的收益是 1 千元，种草莓的收益是 1 万元，那么决定用这块地来种草莓时，机会成本就是 1 千元，但若用这块地种西瓜，机会成本则是 1 万元。

再如：如果一个人读四年大学，而在这四年内这个人可以去打工，4 年打工挣到 4 万元，4 万元就是读大学的机会成本。又如，拿 100 万去买了一套房子，其实这 100 万还可以作为其他投资，假设可以挣 10 万元，这 10 万元就是买房子的机会成本。

生财有道

在生活中，只要有选择，就有机会成本的存在，投资理财也一样。简单地说，就是选择是要付出代价的，当我们选择了一个机会时，可能就会失去另一个机会。因此，机会成本就是获得某样事物所必须放弃的其他事物。

“选择”无处不在，在选择时，机会成本就为我们的选择提供了一个参考条件，也可能是决定选择的重要条件。在投资理财中，我们在作任何选择时都要认真考虑、权衡各方面的因素，充分估量机会成本，仔细计算所得所失，最终才有可能作出正确、理智的选择。

复利：资产增值的秘密

复利是指由本金和前一个利息期内应计利息共同产生的利息。即由未支取利息按照本金的利率赚取的新利息，常称息上息、利滚利，不仅本金产生利息，利息也产生利息。

财里财外

从前，有一位国王很爱下棋，而且棋艺高超，从未遇到过敌手。他下了一份诏书，称不管是谁，只要能赢过他，就可以满足他的所有要求。

民间一名棋艺也很高明的年轻人在听到这个消息后就到皇宫和国王下棋。

经过激烈的角逐，年轻人赢了国王。国王依照约定，问他想要什么赏赐。年轻人提出了自己的要求，就是在棋盘的第一个格放一粒米，第二个格放两倍于前一个格子中米粒数量的米粒，接下来的格子里米粒的数量是前一个格子中的两倍，一直到将棋盘的每个格子都放满为止。国王觉得这个要求很好满足，于是爽快地答应了他。但是很快国王就后悔了，因为即使将国库的所有粮食都给了他，也不足够。

因为乍看之下，年轻人要的赏赐很容易满足，从一粒米开始，但是经过很多次翻倍后，数量就变得巨大无比。这就是复利的秘密！

生财有道

投资也一样，利用复利效应将资产翻倍增值。爱因斯坦曾说过，“宇宙间最大的能量是复利，世界的第八大奇迹是复利”。一个不大的基数，以一个即使很微小的量增长，假以时日，都将膨胀为一个庞大的天文数字。

追逐复利的力量，正是资本积累的动力。

假设每年投资的回报率是100%，本金10万元，如果只按照普通利息计算，每年回报只有10万元，10年亦只有100万元，整体财富增长只是10倍。但按照复利方法计算，首年回报是10万元，令个人整体财富变成20万元，第二年20万元会变成40万元，第三年40万元再变成80万元，10年累计增长将高达1024倍（2的10次方），亦即指10万元的本金，最后会变成1.024亿元。

只要计算利息的周期越密，财富增长就越快，而随着年期越长，复利效应亦会越为明显。

投资行情：了解投资行情不吃亏

投资理财时，了解投资行情可为投资者开拓投资渠道、扩大投资选择范围，适应投资者多样性的投资动机、交易动机和利益需求。了解投资行情能提高投资者获取较高收益的可能性。

财里财外

2006年刚参加工作的张晨首次尝试理财。当时，身边的几个朋友开始炒股、买基金，行情看上去还不错。于是张晨便开始上网、买书，潜心研究股票、基金，并从银行账户里取出30多万元积蓄，购买了几只风险相对较低的股票型基金。

2007年下半年，股市大盘猛涨到6000点以上，张晨买的基金涨幅也超过100%。正当身边朋友对市场乐观之时，张晨冷静地意识到在欧美股市出现大幅下跌的情况下，股市已表现出明显的熊市信号，于是将手中基金全部赎回，兑现近80万元。随后，A股市场一泻千里，不少基金纷纷破位，张晨躲过一劫。

当年年底，张晨感觉到楼价开始新一轮上涨，便拿出手中80多万现金，外加从银行贷款近50万元，分别购买了两套住房。到2016年上半年，房价涨幅近3倍，张晨将两处房产出手，卖价近500万元。

生财有道

很多亲朋好友都非常羡慕张晨的投资本领，纷纷向张晨讨教赚钱秘方。其实，让钱生钱的途径有很多种，但是最重要的是：在做每一项投资前，都要分析好投资行情，或者是根据投资行情选择投资方式。

通货膨胀：别把钱放在卡上

通货膨胀是指在纸币流通条件下因货币供给大于货币实际需求，即现实购买力大于产出供给导致货币贬值，从而引起一段时间内物价持续、普遍上涨的现象。其实质是社会总需求大于社会总供给。通货膨胀的反义为通货紧缩。

财里财外

一位上班族朋友，平时勤俭节约，每天除了必要的生活开支外，其余的钱全部放在卡上。几年下来，他有了一些积蓄，准备再工作个几年，把钱攒够了，回老家市区买一套房子。他平时也没怎么重视理财方面的知识，他觉得把钱放在卡上是最好、最稳妥的保值方式。所以，他一直坚持着这种方式，赚钱、存钱。

2016年出现了通货膨胀，房价连同生活必需品的价格都大幅上涨，他存的这些钱根本赶不上物价上涨，买房子的计划因此搁浅。

生财有道

从上述案例中我们得出：定期和活期存款的理财方式虽然相对安全，但不适合长期使用，时间长了也会不安全，它会使您家庭资金的利用效率降低。事实证明，活期存款和定期存款的利息很难跑赢通货膨胀的比率。所以，把辛辛苦苦挣来的钱放到卡上，就是让钱每天躺在银行睡大觉，什么事也不干，还要面临通货膨胀的危险。

从大的趋势来看，社会经济其实一直处于通货膨胀之中，金钱的购买力越来越低。我们举一个简单的例子：美元在20世纪这100年的时间里贬值到原来的1 / 54，换句话说，也就是2000年的54美元的购买力仅赶得上1900年的1美元。所以说，如果你不去理财，你的钱就只能不断地缩水、不断地减少，只有投资理财能够帮助你抵御来自通货膨胀的威胁。

货币时间价值：时间就是价值

货币时间价值是指当前所持有的一定量货币比未来获得的等量货币具有更高的价值。货币的时间价值是理财学的基本概念之一，任何投资理财项目都要考虑货币的时间价值及资金的占用成本。

财里财外

钱峰于2008年在股市投入10万元人民币，3年后，就是2011年，他的股票值为10.4万元。钱峰觉得自己没有亏本，是赚了，可是钱太太却说这亏大了。究竟亏本了吗?

可能很多人会认为钱峰赚了，因为根据过去的股市行情，不赔本已经算是赚了。但是，从另一个角度看，如果一年期的定期存款利率为2.85%，2008年初的10万元到2011年至少应值104470.83元，得出的结果比他的股票市值还要多，这样看，钱峰显然亏了。那么，钱峰的思路错在哪里呢? 答案就在于货币的时间价值。

生财有道

我们都知道，10年前的1000元与今天的1000元那是不能等同的，今天的1000元和10年后的1000元也不能相提并论。原因在于今天的1000元用来投资获利可以实现增值，要大于10年后的1000元。

钱生钱，并且所生之钱会生出更多的钱。这就是货币时间价值的本质。货币的时间价值这个概念认为，目前拥有的货币比未来收到的同样金额的货币具有更大的价值。也就是我们所感觉到的，现在的钱没有原来值钱了。钱峰就是没有考虑到货币的时间价值，误以为自己赚了。

保险: 有保障方无后顾之忧

中国人已经渐渐接受了保险，但把保险视作有钱人的行为或者认为保险不太吉利的老观点依旧还存在。只有真正理解保险，并且理智地选择合适的险种，保险才能帮助你规避生活中的风险，让你免除后顾之忧。

财里财外

保险观念是每个现代人都应该具有的，认为它不吉利的想法早就已经过时了，而且选择了合适的保险后，保险金也不像有些人认为的那样，会成为家庭财政的负担。

俗话说："天有不测风云，人有旦夕祸福。"生活中，风险就像空气般充斥在人们的周围，天空、街道、家里、办公场所，时时刻刻隐藏着许多人们无法预知的风险。由于意外的发生有着不确定性，只有爆发时才能真正感受到，所以许多人会忽视它的存在，不会为此做准备。但现实生活中，风险又确确实实存在，如果事先不做好充分的准备，难免遭受巨大的打击。而保险正是应对意外风险的有效工具，毕竟预防总比治疗好。

许多人认为，买保险是有钱人的事，但保险专家认为，风险抵抗力越弱的家庭越应该买保险，经济状况较差的家庭其实更需要买保险。几千上万元的医药费，对一个富裕的家庭来说可以承受，但对于许多中低收入的家庭则是一笔巨大支出，往往一场疾病就能使一个家庭陷入经济困境中。

生财有道

尽管大多数人能接受保险的观念，但同时又担心保费等一些列问题，因此而耽误投保的时机。人生中有许许多多不可错失的机会，许多好机会就在这迟疑中蹉跎了。聪明的人懂得开源节流，为家庭经济打算，投保就是确保生计的最好方法。

总之，只要理性看待保险，为自己和家庭选择最合适的方案，保险就能成为你人生快车的安全带，让你一路畅行。投保时，你可以遵循以下原则：

1. 明确自身需求

在准备投保前，投保者应当首先明确自己的投保目的，只有拥有明确的目的才能选择合适的保险类型。是财产保险还是人身保险？是人寿保险还是意外伤害保险？想要让自己退休后生活有保障，就应该选择个人养老保险；想要让子女将来受到更好的教育，最好选择少儿保险等。总而言之，要尽可能地避免由于选错险种而造成买了保险却无法获得预期保障的情况出现。

2. 选择合适险种

投保最好根据自己或家人需要保障的范围来综合考虑。例如，缺乏医疗保障的人，可购买一份“重大疾病保险”，如此一来，一旦因重大疾病住院而支付的费用就可以转嫁给保险公司，适应性非常明确。同时，你还要考虑到自己的经济支付能力。买人寿保险是一项长期性的投资，每年都必须缴存一定的保费，每年的保费开支也要取决于自己的收入能力，通常来说，投保以家庭年收入的10%~20%较为合适。

人身保险的保险金额一般由投保人自己确定，有的可以投保多份，投保人必须考虑自己的支付能力，不能为追求高额保险金而不考虑自己的经济能力。否则，一旦出现不能承担保险费的情况，不但保险成了泡影，已缴的保险费也将蒙受很大损失，得不偿失。

3. 合理搭配险种

购买人身保险可以在保险项目上进行组合，例如购买一个到两个主险附加意外伤害和疾病医疗保险，加强保障性。在对所有需要投保的项目进行综合考虑时，还需进行全面安排，应当避免重复投保，使投保的资金可以发挥最大作用。例如因工作需要经常出差工作的人，就最好买专门的人身意外保险，而不必每次购买乘客人身意外保险，这样不仅可以节省保费，而且在其他情况下所出现的人身意外，也会获得相应的赔偿。假若你正准备购买多项保险，应当尽量以综合的方式进行投保。因为它能够避免各个单独保单之间可能出现的重复，从而节省保险费用，获得较大的费率优惠。

4. 学会签单，避免受骗

据有关业内人士称：“把握好五个关键步骤，就可以顺利地签署保险合同。”首先，当业务员拜访你的时候，你有权利要求业务员出示其所在保险公司的各种有效工作证件。其次，你应该要求业务员根据保险条款如实详细地讲解险种的有关内容。当你决定投保时，为保障自身权益，还需要再仔细地阅读一遍保险条款。再次，在填写保单时，必须如实填写相关内容并亲笔签名，被保险人签名一栏最好由被保险人亲笔签署（少儿险除外）。再有，当你付款时，业务员必须当场开具保险费暂收收据，并在此收据上签署姓名以及业务员代码，也可要求业务员带你去保险公司交付款项。最后，投保一个月后，如果没有收到正式保险单，应当及时向保险公司查询。

买保险是为了转移风险，储存财富。在买保险时要衡量自己的经济实力，购买适合自己的保险。

理财小测试：
从风险承受力测试看哪种理财方式适合你

风险承受力是我们冒险投资的一个前提，所以我们必须正确估量自己的风险承受力。想知道你的风险承受能力，不妨做做下面的能力测试。

1. 你的年龄。

（1）20 岁或以下 （2）21~25 岁 （3）26~28 岁

（4）28~30 岁

2. 你的婚姻状况。

（1）单身 （2）已婚 （3）离婚

3. 你有多少个孩子。

（1）没有 （2）一个 （3）两个 （4）三个 （5）四个以上

4. 你受教育程度。

（1）小学； （2）中学； （3）专科或中专； （4）大学或以上

5. 若把你所有的流动资产加起来（银行存款、股票、债券、基金等），减去未来一年内的非定期性开支（例如结婚、买车等），约等于你每月薪金的倍数。

（1）20 倍以上 （2）15.1~20 倍 （3）10.1~15 倍

（4）5.1~10 倍 （5）2.1~5 倍 （6）2 倍以下

6. 你估计 5 年后的收入会较现在增长的额度。

（1）50%以上 （2）30.1%~50% （3）20.1%~30%

（4）10.1%~20% （5）0.1%~10% （6）收入不变或下降

7. 你平均每月的支出占收入的比例。

（1）100%以上 （2）80.1%~100% （3）60.1%~80%

（4）40.1%~60% （5）20.1%~40% （6）20%以下

测试说明：

以上选项选（1）得14分，选（2）得10分，选（3）得8分，选（4）得5分，选（5）得3分，选（6）得2分。

答案解析：

81分或以上：由于你没有多少财务上的负担，可以很轻松地接受高于一般的风险，可选择高风险的投资项目以赚取较高的回报。

61~80分：你只有少量财务上的负担，能够接受较高水平的风险，对于比平均风险略高的投资项目均可以接受。

41~60分：你接受风险的能力属于一般水平，可以接受普通程度的风险。

21~40分：你个人负担较一般人重，故此接受风险的能力亦偏低，不可接受太高风险的投资项目。

20分以下：你接受风险的能力属于极低水平。因为你有沉重的负担，投资中应取向低风险型的投资项目。

第3章 二十几岁应该知道的银行理财

对于二十几岁的年轻人来说，收入不是很高，投资资金有限，那么首选的理财方式就是储蓄。储蓄是投资之本，是理财的基础，是一种稳定可靠的理财方式，也是一种有效的资金积累方式。

二十几岁你要定期“储蓄”

在这个花钱如流水的社会，赚到的钱不一定属于自己，存的钱才属于自己。所以说，只有通过储蓄我们才会看到自己对金钱的积累，同时这种日积月累会让我们看到金钱的价值和它所带来的惊喜。

财里财外

在美国著名的哈佛大学，第一堂的经济学课首先教给学生两个概念：第一个概念，在花钱的时候要区分清楚，你是在“投资”还是在“消费”；第二个概念，每月必须先把工资的30%储蓄起来，用剩下来的钱进行消费。正是基于这样一种金钱的教育理念，哈佛教育出来的人毕业后都很富有。

不仅如此，美国的一所公立学校还为学生开设了“便士银行”。鼓励学生节俭，消除浪费的诱因，并且鼓励他们节约零用钱。等到在“便士银行”的存款达到一定数额时，便可以到外面的银行开办一个个人账户。

通过这种方式，很多学生养成了储蓄的习惯，还用积累的资金购买了自由债券，既成就了自己，又帮助了国家。

生财有道

储蓄有着深远的意义，是财富的源头。良好的储蓄习惯有助于塑造一个人的品格，因为那是一种能够克制自我、愿意为长远利益而放弃暂时享乐的高度自制力。这种储蓄就像投资，你投入得越多，增长得就越快，就会像滚雪球那样越滚越大。

有一位智者说：“只要你在银行里存款，即使数目不大，也是令人兴奋的事情。”有个小伙子，手头有了一点钱，他就把它存进银行里。一天，当他开始整理存折时，发现自己已经有了一笔为数不小的存款，顿时，他感到自己似乎找到了有钱人的感觉，感觉到自己就要加入有钱人的行列了。

小伙子的这种感觉，也许很多人都曾有过，当我们看到自己存折里的数字在不断增长时，也曾为此兴奋过、跳跃过、激动过。因为在这时，我们才会深刻感受到储蓄的真正意义，才会看到储蓄给自己带来的价值，也许就在此时，你的思想意识开始成熟，形成正确的人生观，并开始重新审视自己，做好自己。所以说，储蓄对一个人的生活乃至一个人的价值观的形成都有重要的意义，如果懂得其中的重要意义，那么你的人生也会因此而发生质的转变。

二十几岁的你从现在开始，认真审视自己，规划储蓄计划，规划好了储蓄，也就规划好了你的投资、规划好了你的理财、规划好了你的人生。

储蓄理财：积少成多的良方

储蓄就是“积少成多、聚沙成塔”，是一种百利无害的良好习惯。不管我们收入多少一定要养成定期储蓄的习惯，只要一天存一些钱，日子久了，就会变成一笔可观的数目。

财里财外

董晴在一家电视台上班，是个普通的文字记者。她每个月有几千块钱的收入，扣掉各种必要的开销，通过一点点积累，竟然在不到四年的时间存够了出国留学的钱，圆了自己出国深造的梦想。

董晴刚参加工作时，遇到了大多数新人都会遇到的困难，认为自己还需要继续进一步地学习和进修。可是董晴又不愿意向父母借钱或向银行借贷，因此她打算通过储蓄来积攒出这笔费用。

除了必要的开支，她把其余的钱都存起来。于是，她账户上的钱越来越多，也离自己的梦想越来越近。

终于有一天，她的朋友半开玩笑地说：“董晴，你存了多少钱了啊？是不是已经成了小富婆了？”这时她才发现自己已经存够了出国留学的钱！

生财有道

很多人都有留学的梦想，但是他们可能因为种种理由而凑不到钱，从而不得不放弃。看了上面的故事，你还会觉得留学是件难事吗？尽管是一点点地积累、一分分地节省，可她还是存够了钱，圆了自己的梦想。

投资理财很重要，但投资的前提是要有稳定、殷实的基础，而要积累资金最直接的方式就是存钱。生活中，由于人们会遇到各种各样的情况，你可以根据不同的需要选择不同种类的储蓄。例如，活期储蓄为一元起存，就适合一些较为零散的存储，且取用灵活，方便日常的各种急需；定期储蓄主要是收集储户手头一时用不着的零花钱，积少成多、集腋成裘，它的起存点为五十元，多存亦可，存期分三个月、六个月、一年、二年、三年和五年；定活两便就是取两者之长，根据具体情况变化利率。

储蓄宜早不宜迟，越早储蓄，你就会越早得到积累的财产，越早拥有展开投资的经费。不要再相信那句“车到山前必有路”的名言了，它带给你的只会是得过且过的平庸生活。所以，马上开始储蓄吧！

时间是最好的见证人，越是年轻的人，越是能存下更多的资本！理财初期，你的钱肯定很少，必须要克制自己，先存钱才能理财。尽管这一过程可能比较枯燥，甚至漫长艰辛，但是只要你能养成储蓄的习惯，一切都将是值得的。

银行理财不同的储蓄方法

储蓄是理财的基础，是进行资本积累的一种方式。虽然靠储蓄未必能成为富翁，但不储蓄一定成不了富翁。许多人忽视了合理储蓄在投资中的重要性，错误地认为只要做好投资，储蓄与否并不重要。其实，储蓄是投资的第一步，特别是对于一个二十几岁的人来说更是如此。如果不规划好房租、水电费、买衣服的费用、交际费等各种费用，不知不觉中你的钱就消失了。

财里财外

小林工作已经有5年的时间，从一名普通的职员，慢慢成为公司的中层管理者，他的薪水也一直稳中有升，月薪已有近万元，可以说是“比上不足，比下有余”。过去的同窗，收入未必高过他，可在资产方面却远远超过了他。

他的年龄在逐渐增长，可一直还没有成家。父母再也坐不住了，一下子拿出了20万元积蓄，并且让小林也拿出自己的积蓄，用于买房首付，并为结婚作打算。可是小林开不了口，因为自己所有的储蓄也没能超过6位数。

其实，小林自己也觉得非常困惑。父母是普通职工，收入并不高，现在也早就退休在家。可是他们不仅把家管理得井井有条，还存下了不少积蓄。而自己虽说收入不算少，用钱不算多，可是工作几年下来，竟然与“月光族”“年清族”没有什么两样。

小林不仅买房拿不出钱来付首付，而且没有钱进行投资。前两年他周围的朋友投资股票、基金也赚了不少钱，纷纷动员他和他们一起投资。小林表面上装作不以为意，其实让他难以开口的是，自己根本就没有储蓄，又拿什么去投资？

出现这种情况的原因就是缺乏合理的储蓄规划。很多像小林这样的人，收入看上去不少，足够应付平时生活中的需要，可是他们就是难以积累财富。其原因就在于，他们在日常生活中没有合理的储蓄规划，花钱也是东一笔、西一笔。也许看上去每笔开销都不大，但一个月下来这些零零碎碎的费用加起来，就耗尽了他们一个月的收入。

生财有道

有人说：“储蓄不就是往银行存钱吗？这还需要技巧？”是的，往银行存钱的确很简单，但是，采取不同的储蓄方式就会得到不同的收益。不知道你计算过没有，每个月的工资零存整取与活期储蓄，一年下来利息相差2.375倍。而且，现在的储蓄品种门类繁多，有活期储蓄、整存整取、零存整取、整存零取、存本取息、定活两便和通知存款等。那么，如何利用好不同的储蓄方式，得到更多的储蓄“实惠”呢？

1. 金字塔储蓄法

什么是金字塔储蓄法呢？举个例子，假如你有1万元，将1万元分别以1000元、2000元、3000元、4000元4张1年期定期存单，存单金额呈金字塔状，这就是金字塔储蓄法。这种方法可避免需取小数额却不得不动用大存单的弊端，并减少不必要的利息损失。

2.12张存单法

12张存单法又称“月月储蓄法”，一年12个月，每个月存入一定金额，且存款年限相同，但到期日期分别相差一个月。这种储蓄方法的优点是能很好地收集资金，还能最大限度地发挥储蓄的灵活性，即使急需用钱，也不会有太大的利息损失。月月发，月月存，这非常适合因忙碌而无时间顾及理财的工薪阶层。但注意：当利率上升时，存款期限越短越好；而当利率下降时，存款期限越长越好。

3. 自动转存法

现在银行基本都有自动转存服务。在储蓄时，参加自动转存服务，一方面可以避免存款到期后不及时转存，逾期部分按活期计息的损失；另一方面存款到期后不久，如遇利率下调，未约定自动转存的，再存时就要按下调后的利率计息，若遇利率上调，也可取出后再存。

4. 定期存款提前支取的选择

如果储户的定期存款尚未到期，但急需用款，又没有其他资金来源，储户有两种选择：一是提前支取定期存款，二是以定期存单向银行申请质押贷款。

按照中国人民银行的规定，定期存款提前支取时，将按照支取日的活期存款利率计算，这样，储户会有一定的利息损失。如果这种损失超过了向银行做质押借款的利息支出，储户可以用定期存单作质押品，向银行申请短期质押贷款，否则宜提前支取。

储蓄是一种最普通也最常用的理财工具，几乎人人都在使用，我们要利用储蓄的方法获得较高的收益。不同人的财务状况不同，选择的储蓄方式也应不同，需要根据自己的实际情况进行选择。

怎样防范银行储蓄风险

储蓄对于我们来讲是最安全、最稳健的理财方式，但安全不等于没有风险。不过储蓄的风险和我们所知道的其他投资风险并不同，储蓄的风险主要在于无法获得预期的储蓄利息收入，或者由于通货膨胀而引起的储蓄本金的损失。

财里财外

小吴接到一位自称某银行客户经理的电话，称能为其办理高额贴息存款，但要求其存款到期前不得查询账户，且不得开通短信提醒、网银等业务。小吴觉得办理该项业务利息收入可观，于是办理了5万元存款，存期一年。一年存款到期后，小吴去营业网点支取存款，发现5万元早已被划转。经警方调查显示，犯罪分子先以高息诱导吴先生将资金存入银行；再要求签订“不开通短信提醒业务、不开通网银权限、不通存通兑、不销户、不查询、不得提前支取、不质押”等内容的“七不”承诺书；最后通过伪造小吴签字，签订与商户的委托扣款授权书，通过第三方支付公司，在小吴不知情的情况下，向银行发出扣款指令盗取存款。

生财有道

储蓄风险主要体现在以下两个方面：

一是存款安全。

是指存款凭证（存单、存折、银行卡等）不慎遗失或失窃，或者账户被盗用，以及由于金融机构的选择不当而导致的损失。所以，要慎重对待自己的存款凭证，自觉增强存款风险防范意识，以防遗失，造成不可挽回的损失。

二是收益安全。

这里所说的储蓄风险，是指不能按照预期的储蓄利息收入，或是由于通货膨胀而引起的储蓄本金贬值。

所以，储蓄不是百分百没有风险的，为了保障你的收益和财产安全，必须做好储蓄风险防范工作。具体来说，我们一定要注意以下几点：

1. 选择信誉好的银行

居民选择银行存款，应该选择信誉好的银行。而衡量一个银行的信誉好坏，要看它的资产质量、经营效益、资产的流动性及安全性、资本金充足率等经营现状的硬指标，依据这些指标选择储蓄银行。

2. 不要贪图高利息

我国《商业银行法》等有关法律规定：任何单位和个人不得从事吸收公众存款等商业活动。但时下，随着利率的不断下调、利息税的开征以及通货膨胀的影响，各地不法“银行”（地下钱庄）和非法集资也纷纷登台亮相，以骗取居民的存款。它们在吸收存款时利用多数人的“求富”心理，以高于国家存款利率几倍以上的利率来吸引居民，以此达到吸收存款的目的。高利率对于居民来说无疑有着极大的诱惑力，但必须认识到，高利率存款机构都存在不稳定因素。为此，居民在进行存款时就要主动抵挡高息的诱惑，最好远离高息揽存者，以免因小失大。切记，正规的金融机构是不会高息揽存的。储蓄本来就是求稳的，切不可为高利息所诱惑。

3. 确保存款安全

当储蓄进入实质性阶段后，仍有多种风险存在，对此还需要加强防范，这里有四点需要注意。

（1）填写存款凭条时要注意。多数人在到金融机构办理存款时，往往粗心大意，将自己的基本信息暴露在他人的视线范围内。有的人还将填错的存款凭条当作废纸随意丢掉。这很容易被别有用心的人利用，导致你钱财的损失。

（2）注意账户安全。很多人选用自己的生日或截取身份证上一段数字作为密码，而这些信息很容易通过身份证、户口簿、履历表等被他人知晓。因此，在选择密码时就要选择既容易记忆又与自己特殊爱好密切相关的数字，切记不可把自己家中的电话号码或身份证号码作为预留密码。另外，若在网上进行金融操作时，注意账户安全。尽量在自家电脑上使用网上银行。

（3）存单到手后要注意。存单是存款人对存款机构唯一的债权凭证，所以存单的要素是否齐全，金额正确与否，对存款人取款时起着关键性的作用。金额是否正确；姓名是否相符；印章是否齐全是三大要注意的点。此外，一旦发现存单被盗，要立即带相关材料到办理机构挂失，确保自己的财产安全。

（4）不宜将身份证、户口簿和银行卡、存折（单）放在一起。一旦存折和身份证同时丢失，被别有用心的人捡到，很容易通过身份证号码套取存款密码，而且丢失身份证件，会为办理存款挂失等手续增加更多麻烦。

4. 确保收益的稳定

（1）选择适当的储蓄种类和储蓄期限。储蓄存款有很多种类，不同种类、不同期限的存款，其存款的利率是不同的。但是如果储户选择了利率较高的定期储蓄存款以后，遇有急事要提前支取，那么存款利息就会有所变动。对于经常要用钱的人来说，最好是根据自己的情况，错开办理三个月、半年、一年、两年等定期存款，这样的话基本上每过一段时间就有一笔定期款项到期，有利于存款人减少利息损失。

（2）办理部分提前支取。如果储户在办理了定期储蓄存款以后，遇有急事要动用存款，这时如用款额小于定期储蓄存款额，即可采取部分提取存款的方法，以减少利息损失。

（3）办理存单质押贷款。储户在存入一年期以上的定期储蓄存款以后，如需全额提前支取定期存款，而用款日期较短或支取日至原存单到期日的时间已过半，那么这时储户可以用原存单作质押，办理小额贷款手续。

上述这些方法既解决了急需资金的难题，又大大减少了利息损失。

请给你的银行卡“减肥”

由于银行卡的普及以及各大银行各种银行卡产品的推出，城市中的人们几乎人人都有信用卡，甚至有的人身上会同时携带三四张银行卡。可见，银行卡对于我们的生活来说，已是不可缺少的东西了。

财里财外

洪小姐是一名公司的部门经理，每月收入上万，但她打理财产只靠一张存折和三张银行卡。一方面，她十分喜欢使用银行卡，携带方便，取用方便；另一方面，她也知道银行卡需要理性使用才能免除后顾之忧。所以，在拥有银行卡的同时，她还会拥有一个存折，用来存放大额的存款，而银行卡里存放小额存款。其中，一张银行卡平时消费用，另一张作为资金备用卡。

以前，她手中也有数张银行卡，如今都被她清理注销掉了。因为一是用不上，还要交年费；二是银行卡多了，也不好打理。因此，只留下几个常用的，就足够她平时用了。

生财有道

看着令人无法抉择的种种银行卡，你可能不知道该用哪种。实际上，银行卡主要分为两大种：借记卡和信用卡。

借记卡是指银行或者其他金融机构给予持卡人士的先存款再消费、没有透支功能的信用凭证。

信用卡是指银行或者其他金融机构给予那些资信状况良好的人士，可以提前消费一定额度的信用凭证。

那么，这些卡都有哪些特点呢？

相对来说，借记卡在使用的过程中可以享受活期存款利率，并且在日常生活中能自由使用。一般来说，我们去商店刷卡消费用的都是这种卡，活取活用。

而信用卡则能起到“提前消费”“小额融资”的作用。一般是在资金短时间内不够的情况下，用信用卡预支一部分，也就是“花明天的钱”，这样可以应急，及时解决财务上的问题。

银行卡在手，要比过去把一大堆钱拿在手上轻便、安全得多，可是也需要你正确使用，否则它的价值不但不能良好体现，还可能到处给你添乱。现在不是出现了很多“卡奴”，信用卡诈骗、信用卡“恶意透支”等事件吗?这些都是给使用银行卡的人最好的警告。

在用卡之前，计算一下、比较一下、分析一下，就能让你的卡发挥最大功效，让你的钱得到最高效的管理。总之，要“用好”你的卡!

“卡不在多，够用就行”。这是使用银行卡最明智的方法。随着银行业务的飞速变化，人们的钱包中多了一堆卡，如借记卡、校园卡、牡丹卡等，似乎是谁的卡越多，谁就更富有，谁的生活就更现代化。

但是，没过几年，当银行向世界的标准靠拢，办理各项业务都需要手续费的时候，这些大大小小的卡就成了“吃钱”的东西。

另外，银行卡的业务现在越来越完善，一张新卡很可能就包含了过去几张旧卡的功能，所以你根本没必要留着那么多卡浪费资源。

许多原因都在提醒着你，你的银行卡该清理一下了!

别被信用卡“套住”

信用卡于1915年起源于美国。最早发行信用卡的机构并不是银行，而是一些百货商店、饮食业、娱乐业和汽油公司。这就是信用卡的雏形。现在，信用卡很受年轻人欢迎，同时也让很多年轻人头疼。

财里财外

每个月的4号到23号对于读大学的小王来说都是节衣缩食的日子，这两个日子分别是他信用卡的账单日和到期还款日，“从收到手机短信被催账开始，我就得绞尽脑汁地想着从什么地方再能省出或者挤出一点钱来凑够账单上的最低还款额，除此之外还必须保证我的最低生活开支，真是不容易啊。”提到信用卡还钱，小王满脸愁容。

小王的叹息想必会让大家产生共鸣。按规定，没有固定收入的在校大学生是不具有信用卡申领资格的，因为信用卡业务利润主要来源于向持卡人收取服务费用及透支利息。然而，《学生信用卡领用合约》中却漏掉了“收入情况说明”，同时甚至还特别注明信用卡的联系人“无需承担担保责任”，这就为大学生申请办理信用卡大开方便之门，一般只需要提供本人身份证复印件等基本信息便能办理申请信用卡业务。“先透支，再还款，如果遇到暂时还款困难，还可只还10%的最低还款额。”这块貌似从天而降的“馅饼”让不少大学生怦然心动，有的同学甚至一口气办了三四张信用卡，风风光光地过起了“伪阔”的“幸福生活”。苹果手机、数码相机、iPad……想刷就刷，于是刷得痛快，即便是钱包空空，但签起字来却毫不手软。不料风光过后是酸苦，当一个个装着账单的信封纷至沓来时，颤抖的心便开始慌了。怎么办？首当其冲的“救火队员”非家长莫属，一通电话打回家抹泪哭穷，编着各种借口向家里要钱。可怜天下父母心，舐犊之情就这样泛滥开来。然而过了初一还有十五，借口未必屡屡奏效。于是重压之下终有“妙招”，有的同学通过一张信用卡取现来支付另一张信用卡的“债务”，借新债，还旧债，“次贷危机”顺势而生；还有的同学“好了伤疤忘了疼”，这头刚还完上月的账单数目，另一波的消费却早就在酝酿之中，寅食卯粮，没完没了，一声叹息：这日子，什么时候是个头啊？

生财有道

刷信用卡付款便捷又潇洒，美其名曰“用明天的钱圆今天梦”，但天下没有白吃的午餐，提前消费，超前打造美好生活，也要付出一定的代价，想从“负翁”变富翁，刷卡消费须谨慎。下面就介绍一些合理使用信用卡的方法：

（1）只留一张信用卡

如果实在离不开信用卡，就留下一张，将其余的全部撤销，这样省下一大笔年费不说，也能有效防止大额负债的产生。

（2）上街只带现金

很多人有这样的感受，如果购物时是用卡消费，轻轻薄薄一张卡一刷很容易超出预算，买了自己根本不需要的东西，因为看不到摸不到现钱，所以不知不觉间就会超支了。假如带现金就不会发生这种事，因为一张一张钞票数起来会让你有所顾虑，花钱的欲望就会减少很多。如果自我约束能力较差的人，上街前还是把信用卡留在家里为好，以防过度消费。

（3）用储蓄卡代替信用卡

储蓄卡消费和信用卡一样具有方便、省心的优点，但因其不能透支会在很大程度上削减消费欲望，同时避免负债的产生。

（4）清理“睡眠卡”

将不用或很少使用的卡及时清户，否则你卡中的余额会在不知不觉中被银行扣除，这也是一笔损失。

（5）就近开户

跨行取款需要扣除一笔手续费，一般是取100元或50元现金，收取1元手续费；取200元及以上金额，会收取2元手续费；有的银行比较特殊，会收取每笔4元的跨行费。所以开户的时候最好选择离家或单位近的银行，存取方便，能有效避免这笔额外的开支。

（6）ATM机上跨行查询操作不要太潇洒

银行政策波动很大，也许今天跨行查询不收费，明天就可能收费。

异地取款比三家。异地取款手续费各行标准不同，先了解一下各行的收费比例，也能轻松节约一些。

让储蓄闲钱获益良多的通知存款

我们对活期存款和定期存款都是比较熟悉的，可似乎很少听人提起过通知存款。那么通知存款是什么呢？所谓通知存款是一种不约定具体的存期、支取的时候需要提前通知银行约定好支取日期和具体金额才能支取的存款。

财里财外

高宇是一家房地产公司的区域经理，每个月的基本工资并不是很高，不过他的提成很高，业绩也不错，所以经常会有大笔的现金需要存进银行。高宇的妻子张世恩经营着一家家具店，生意不错，需要经常进货，高宇为了方便妻子使用资金，就把家里的大部分闲钱都做了活期存款。

可是由于妻子进货的时间不固定，所以时常会出现一大笔资金在活期账户上一放就是几个月的情况，因为活期存款的利率非常低，所以高宇就这样白白地损失了很多利息，可是他又不敢做定期存款，怕一旦用钱还要提前支取，所以他非常想找一种既可以满足妻子的资金需求，又能够最大限度地获得利息的存款方式。

高宇觉得还是找自己的好朋友李岳请教一下。李岳是个理财高手，这几年通过投资理财着实赚了一笔。高宇把自己的情况和具体想法告诉李岳后，李岳就建议他选择通知存款，既可以减少利益的损失，获得比活期存款高的利息收入，同时也不耽误妻子家具店的生意。

具体做法是：把钱存为七天通知存款，在妻子准备进货的前七天就通知银行七天后要取款，等到妻子协商好进货的事情后，在通知银行后的第七天到银行取款就可以了。

生财有道

通知存款具体分为一天通知存款和七天通知存款两种类型。

从 2015 年 10 月 24 起，国内一天通知存款的利率为 0.55%，而七天通知存款的利率为 1.1%。一天通知存款必须提前一天通知银行才能支取，七天通知存款则必须提前七天通知银行才能支取。

人民币个人通知存款的最低起存、最低支取和最低留存金额都为 5 万元，也就是说通知存款的门槛是比较高的，最低 5 万元起存。如果要部分提取通知存款，那么每次提取的金额不得低于 5 万元，并且最低留存金额也是 5 万元。

这样看来，通知存款是几乎没有风险的，所以它比较适合那些比较保守的投资者或者是像高宇那样手里有大笔资金，在短期内可能需要支取但是时间又不确定的人，把资金存为通知存款要比存为活期存款获得的利息多。

最后我们需要注意的是，你在银行办理通知存款或是你在通知存款账户存入现金的时候，存款凭证或者存单上都不会注明存期和具体的利率，银行会按照双方约定的支取日当天银行挂牌公告的相应利率水平和实际存期利息来计算你应得的利息。值得一提的是，如果存款人在加息之前把自己的资金存为通知存款，加息之后办理支取，就可以享受加息后的利率，那么获得的收益自然就增大了。

银行理财产品的投资

银行储蓄是投资理财圈里不被重视的一种理财品种，其实，由银行推出的各种银行理财产品，很多都是收益高、风险小的类型。这些理财产品大多都能跑赢 CPI 和储蓄利率，对于不能接受高风险、又想要好的理财效益的投资者来说，这是一个不错的选择。

财里财外

银行理财产品是商业银行对目标客户开发设计并销售的资金投资和管理

计划。在这种投资方式中，银行只是接受客户的授权管理资金，投资收益与风险由客户或客户与银行按照约定方式承担。

银行理财产品已经成为理财市场的亮点之一。各大商业银行都有自己独具特色的银行理财产品。此类产品以低风险、高收益而广受关注，成为力求稳健的投资者投资理财的重要渠道。

生财有道

简单来说，银行理财产品就是商业银行受托管理投资者的资金到金融市场，获得一定收益后再根据约定分配给投资者的一种投资品种。

现有的银行理财产品主要有三种分类方式，即按照本金与收益是否保证分类、按照投资方式与方向的不同分类、按照期限分类。

1. 按照本金与收益是否保证分类

按照本金与收益是否保证，银行理财产品可分为以下几类：

保本固定收益型产品：是指无论投资结果如何，到期银行均向投资者支付本金及固定收益的银行理财产品。

保本浮动收益型产品：是指产品到期后，向投资者保证本金安全，本金以外的投资风险由投资者自行承担的一类银行理财产品。

非保本浮动收益型产品：指商业银行根据约定条件和实际收益水平向投资者支付收益，并不保证投资的收益和本金安全的一类银行理财产品。

2. 按照投资方式与方向的不同分类

按照投资方式与方向的不同，银行理财产品可分为以下几类：

债券型（票据型）：一

般为央行票据与企业短期融资券。因为央行票据与企业短期融资券个人无法直接投资，这类银行理财产品实际上为客户提供了分享货币市场投资收益的机会。

债券型产品需要个人投资者与银行之间签署一份到期还本付息的理财合同。投资者以存款的形式将资金交由银行经营，然后银行用募集来的资金进行投资，其投资的主要对象包括短期国债、金融债、央行票据以及协议存款等期限短、风险低的金融工具。在付息日，银行会将投资收益返还给投资者；到了本金偿还日，银行将投资者的本金足额偿付。

信托型：信托型产品投资于由商业银行或其他信用等级较高的金融机构担保或回购的信托产品，或投资于商业银行有优良信贷资产受益权的信托产品。

比如一家银行推出过一只由银行、信托、担保公司三方合作的理财产品。产品所募集的资金主要用来投资以成分股为主的股票、开放式基金和封闭式基金等。与市场上其他理财产品的不同在于，该产品不仅百分之百保障本金，还可使投资者获得4.5%的预期年收益率。除此之外，根据信托计划的实际运作情况，投资人还可能获得额外的浮动收益。

挂钩结构型：挂钩结构型产品最终收益率与相关市场或产品的表现挂钩，如与汇率挂钩、与利率挂钩、与国际黄金价格挂钩、与国际原油价格挂钩、与道·琼斯指数及与港股挂钩等。收益则视挂钩市场的表现而定。

QDⅡ型：就是客户将手中的人民币资金委托给合格的商业银行，由合格的商业银行将人民币资金兑换成美元，直接在境外投资，到期后将美元收益及本金结汇成人民币后分配给客户的理财产品。

不同类型的银行理财产品有其不同的特点，投资者可以按照其特点，根据自己的实际情况和需求选择相应的理财产品。

3. 按照期限分类

根据理财产品的时间，可以分类为固定期限和开放期限两种。其中固定期限的理财产品在1个月内收益的称为超短期产品，1~3个月的称为短期产品，3个月~1年的称为中期产品，1年以上的称为长期产品。

如何规避银行理财产品的投资风险

任何投资都是收益和风险并存的，没有不承担风险而轻松获得收益的理财产品。银行理财产品同样有风险，所以不要听信理财产品的销售人员吹得天花乱坠，只有正确深入地了解银行理财产品，才能在投资时更加得心应手，从而最大化地规避风险。

财里财外

20XX 年 2 月 19 日，刘南存入荷兰银行北京东方广场支行 5 万澳元，并在东方广场支行工作人员的强烈推荐下，于 20XX 年 2 月 21 日申请了东方广场支行的《“抵御通胀系列”之“荷兰银行 /AIG 聚集中国农产品总回报指数”挂钩结构性存款第三期（到期保本型）——澳元》理财产品。20XX 年 10 月 16 日与东方广场支行办理了赎回手续，损失折合人民币 142621 元。刘南认为其损失系东方广场支行在接受委托理财的过程中，存在欺诈、隐瞒重要事实、违约等行为所致，故起诉要求东方广场支行赔偿刘南经济损失及利息共计人民币 145621 元。北京市东城区人民法院经审理，驳回了刘南的起诉。

生财有道

我国银行个人理财业务迅猛增长，在金融市场发挥了巨大的作用。对于二十几岁的投资者来说，要学会风险防范常识。

1. 从阅读《产品说明书》开始注意

在准备进行投资一种银行理财产品时，投资者通常都会先拿到一份理财产品的合同，其中包括该理财产品的《产品说明书》，这时候一定要认真阅读。因为在现实购买银行理财产品时，有些销售人员会过分夸大预期最高收益率，却避谈或少谈产品风险，投资者因为盲目跟从，而可能造成损失。

一般情况下，银行理财产品的《产品说明书》都可能存在陷阱，投资者在购买时要向银行客服询问清楚，做到心里有底，在收益与风险间把握平衡。

《产品说明书》的三大陷阱：产品结构设计复杂，一些专业术语让老百姓琢磨不透；投资收益披露含混不清，固定收益难保障；新产品信息披露不透彻，只强调收益而避谈风险。

2. 正确看待宣传

很多人选择银行理财产品的起因是在银行办理业务时，听销售人员推荐而产生了兴趣，然后根据银行的广告进行对比分析，从而作出决定。这种投资理财行为是极为不理性、不科学的。银行在推广理财产品时，会选择最高收益率来进行宣传，而且在广告中会尽量规避产品的风险，而在《产品说明书》中，银行有义务为投资者列举所有可能出现的风险，并给出最低收益率数据。

3. 正确认识收益率

在销售理财产品时，国家规定商业银行不得无条件地向客户承诺高于同期储蓄存款利率的保证收益率。因此无论是固定收益理财产品还是浮动收益理财产品，在购买时，看到的“收益率”实际上都是“预期收益率”，甚至是“最高预期收益率”，而非“实际收益率”。

三种收益率的比较

收益率	实际收益率	当产品到期后，银行根据整个理财期间产品投资标的的实际表现，按照事先在《产品说明书》中列明的收益率计算方法计算出来的收益率
	预期收益率	银行认为的在“正常”的市场走势下获得的收益率
	最高预期收益率	在极为有利的市场走势下获得的封顶收益率

从上面的概念可以清晰地看出，无论是预期收益率还是最高预期收益率，银行都不具有保证支付义务，最终实际收益率很可能与最高预期收益率出现偏差。因此，投资者要提前通过一些公开信息渠道了解投资标的的表现，并

根据说明书的计算方法检验“实际收益率”是否正确，还有疑问的话可以直接咨询银行客服。

银行理财产品误区的避免

随着社会的发展，现在大家的经济条件也变得比以前好了很多，不少人手里都有很多闲钱，但物价上涨过快，很多人钱攒着攒着就贬值了。正是因为这样，大家对收益率比较高的理财产品期待特别大，但不少收益率较高的理财产品风险都很大，在这种情况下银行理财产品就备受青睐，银行理财产品虽然风险较低，但还是需要了解一下，这些误区你一定要知道！

财里财外

多名市民在某银行理财经理的推荐下，购买了一款新推出的“低风险稳健型产品”，产品名称是“XX 基金”，理财经理声称属于“低风险”投资，而该产品宣传单上显示“半年绝对回报 13%”。结果半年过去了，投资者不仅没有获得预期收益，反而亏损了 15%。上百名投资者聚集在银行门口讨要说法，斥银行虚假宣传。

生财有道

正确地认识银行理财产品，可以帮助投资者更好地运用它来增加投资收益。通常人们对银行理财产品的认识有如下几种误区。

误区一：银行理财产品跟存款一样

银行理财产品虽然像存款那样也把钱都给了银行，但它是不同于存款的。这与其流动性有着一定的关系。对于存款，储户可随时从银行支取。即使把定期存款转为活期存款，储户也只是损失部分利息收益而已。

而很多银行理财产品，并不是每日都开放赎回业务，因此对于急需用钱的投资者来说，即使投资者本人愿意承受收益的损失，也不一定能提前终止合同、取出现金来。因此，投资者在投资前一定要对此有所计划，留出一部分流动资金以备不时之需。

误区二：预期年化收益就是实际收益

投资者在选择理财产品时最为关注的指标之一就是“收益率”，要知道，预期年化收益率并不等同于实际的投资收益率。

另外，对于少于1年期限的理财产品来说，例如1个月、3个月或半年期的理财产品，其合约中标明的预期年化收益率仍是以1年为期限，而在计算实际收益率时，则需要平均到相应期限来计算。也就是说，3个月期理财产品的收益率大致是合同中预期年化收益率的1／4，而半年期理财产品的收益率大致是合同中预期年化收益率的1／2，依次类推，计算出来的才是实际收益率。

误区三：资金到期日就等于到账日

银行理财产品对于赎回期限有其自己相应的规定，通常是在到期日时赎回，才能获得合同上约定的收益，提前赎回一般是不被允许的，或需要投资者支付一定的提前赎回手续费。

而且，即使银行理财产品的投资期满，投资者也不要认为当日就可以看到账户上的现金。因为由于银行理财产品到期后，银行方面需要一个结算的过程，所以通常来说，银行理财产品的到期日和资金到账日都有一定时间差。不同的银行有不同的规定，一般都是2~7日。这些都将在合同中标明，投资者要查看清楚，或直接咨询银行工作人员。

考虑其他风险

除了以上提到的风险与误区外，投资者还要考虑非银行本身造成的其他风险，如政策风险和信息传递风险。

政策风险：理财产品的投资、偿还等行为有时会因金融监管政策以及投资市场相关法规政策的影响而不能正常进行，这很有可能导致理财产品的收益降低甚至本金损失。

信息传递风险：一般来说银行会根据理财《产品说明书》的约定，向投资者发布理财产品的信息公告，如估值、产品到期收益率等。然而，一旦因通信故障、系统故障以及其他不可抗力等因素的影响使得投资者无法及时了解理财产品信息时，就可能影响投资者的投资决策，从而影响理财产品收益的实现。

理财小测试：你会理财吗

岁末大扫除，你会先丢掉下列哪一样物品？

A. 旧衣服。

B. 体积过大的老电器。

C. 零零碎碎的小东西。

D. 过期的旧书杂志。

答案解析：

选择A：你赚钱的能力很强，可惜你花钱的能力更强，所以尽管收入很高，你仍然觉得钱不够花！

选择B：你的理财观念是冲动派的，虽然买起东西来不至于浪费，但是却常常买了一些用不着的装饰品、衣服等等，而你又不擅于另开财源，看来你需要一个擅于管账的人帮助你。

选择C：你买东西至少考虑三次以上，但是在朋友面前又装作很“海派”的样子，所以一般人都觉得你的经济情况蛮宽裕的，而不知你其实是个开源和节流并重的理财大师。

选择D：你对理财颇有概念，从不乱花钱，你购买的东西一定是“便宜又大碗”。美中不足的是，你只在节流方面努力，很少思考开源的方法。

第4章 二十几岁应该做好投资理财规划

“运筹帷幄之中，决胜千里之外”。这不仅是成功的军事谋略，也能铸就财富者的传奇故事。创造财富也需要做好规划，才能有的放矢，否则，盲人骑瞎马，绝不会撞到金元宝。科学谋划，是投资理财不可缺少的习惯。

设定财富计划，一步步实现财富目标

常言道：“算计不到穷一时，计划不到穷一世。”进军财富世界，没有具体计划是万万不可的，财富就像一棵树，是从一粒小小的种子长大的。有了财富目标，再制订一个适合自己的实施计划表，那么，财富就会依照计划表慢慢增长。起初是一粒种子，随着精心呵护终有一天会长成参天大树。

制订一个财富计划表对投资者相当重要，不论是贯穿整个人生的财富计划，还是短期具体创业的投资计划，制订计划表都是有百利而无一害的。它就像一张藏宝图，引领你直抵宝藏所在之地。

财里财外

亚洲超级富豪孙正义，19 岁时就立下了 50 年的财富计划：

19 岁，攫取人生第一桶金。

25 岁之前，确立自己努力的方向。

30 岁之前，闯出名堂。

40 岁之前，积累至少一千亿日元。

50 岁以前，一决胜负。

60 岁以前，完成事业。

70 岁以前，交棒，让下一代继承事业。

按照这 50 年的计划表，孙正义出色地建立了自己的财富帝国。如今，他在财富之路上继续前行。

制订长远的财富计划，再阶段性地分成小计划，一一攻克，这是孙正义成就巨富的法宝之一。据说，他创业之初，设定自己想成就的事业，分别编制出十年的预估损益平衡表、资产负债表、资金周转表，还依时序编出不同形态的公司组织图，进行沙盘推演。

生财有道

财富计划不但有利于实现一生的投资梦想，而且在短期运作具体项目或投资中也发挥着不容忽视的作用。

首先，它可以全面分析和规划你的投资，包括创业方向和目标、背景分析、所需人力、资金、步骤、期限、标准等。

其次，它对你的投资有准确的定位和记录。俗话说“好记性不如烂笔头”，数字写在纸上丢不了，记在脑子里就可能会忘掉。无论是金融投资还是创业项目的关键数字，在计划中都能够得到准确记录，这有利于你进行成本核算、战略调整。

最后，它让投资行动井然有序。如果事先不作计划，在操作过程中就可能找不到头绪。计划列出后，该干什么、先干什么、后干什么都很清楚，执行起来也有理有据。

合理的理财目标是理财的动力

每个人都有自己的个人理财目标，对于个人理财而言目标和规划是相辅相成、缺一不可的。想拥有更多的财富、过更好的生活，几乎是每一个人的梦想。但要让这个梦想得以成真，必须从订立一个切实可行的目标开始。

财里财外

刘升今年 24 岁，在某三线城市的事业单位工作，平均月收入为 3000 元，每年的年终奖金有 5000 元。由于刘升是外地人，所以购房就成了他的首要目标，而买车也是他的重要目标。他希望能在 1~3 年内完成这两项目标。

2015 年 10 月到 2016 年 4 月，刘升的总收入为 26000 元（加上年终奖金）。其中，手头活动资金为 5000 元，购买基金的资金为 3000 元，定期储蓄为

3000元，寄给父母3000元。而花销掉的12000元，只记得购买了一台2000多元的数码相机，其余的也不清楚是怎么花销的。除了日常生活费之外，他只是购买一些服饰、家居等用品。由于没有记账的习惯，他对日常开销和时尚消费的数额都全然不知。

年轻人具有理财意识，能明白“早理财、早收益”的道理，实在难能可贵。但他制订的每一项目标都需要支付较大数额的资金，大多数的家庭往往需要5~10年甚至更长的时间才能够完成。

从购房来说，以“三室一厅”的房子为例，按照该市2015年的房价情况，110平方米新房均价在5000元左右，房款总价在55万元左右（现呈上涨趋势）；另外，新房装修外加简单配置家具电器，需5万元左右。婚庆费用至少得3万元（如果有家人的资助，财务压力会小一些）；再者，购车的费用约为10万元。

以刘升的资产配置和理财方式，除去生活费用和日常开销，在短期内实现理财目标几乎是空谈。

如果刘升按照目前的形态去实现自己的目标，不仅完不成，而且还可能使他丧失对理财的信心，甚至丧失对生活的信心。

生财有道

理财不仅要有目标，而且还要有合理的目标。下面给大家介绍几点制订理财目标的建议。

（1）制订切实可行的理财目标

制订理财目标要遵循的第一要素就是“现实性”。脱离现实的目标根本就没有实现的可能性。财富目标的制订应基于现实，根据自己现有的财务基础和能力出发。

（2）把制订的理财目标具体化

在实现大目标之前，先实现组成这个大目标的小目标，把目标具体化。很多年轻人都想成为“有车一族”，把这个目标具体化为“在两年或三年之内，购买一部家庭用车”，这实现起来目的性会更强。

（3）找到实现目标的途径

确立自己的目标很重要，但是找到适合自己实现目标的途径更重要，并竭尽全力地实施。

（4）理财目标需长短结合

在制订财务目标时，往往只会考虑长远目标，但是只考虑这些，会把“战线”拉得太长，使人感到筋疲力尽。“长短结合”的理财目标，可以保证各个财富阶段与生活衔接良好，对长远目标的坚持有很大帮助。

二十几岁如何做好收入分配

时至毕业，每年都会有一批毕业生完成学业、走向社会，开始自己人生新的旅程。当这些大学毕业生走向工作岗位以后，工作对于他们来说，就是赚钱、就是独立。可是，面对这崭新的生活，究竟应该如何规划自己的理财生活呢?

财里财外

丽丽今年 25 岁，在一家国企做会计，收入浮动不大，目前无房贷、车贷压力。吃住都在家里，之前每个月要上交家里 1000 块钱生活费，但是由于买了新车，免去了上交家里的费用。

她是这样分配自己的收入的——

40% 用于投资：目前投资主要集中在基金定投、黄金积存和好规划攒钱助手（作为定期产品）三个方面。

30% 用于生活：每月支出控制在 1000~1500。（如果有结余就剩在工资卡里，以备不时之需）

10% 的还款金：额外再准备 10% 的还款金，一是防止一些预算外的大额支出；二是为家人、朋友准备礼物的经费。

10% 学习准备金：买各种学习资料，报各种补习班，增强自己的技能。

10% 用于交际：请客吃饭，扩大交际面。

生财有道

对于一个刚毕业的二十几岁的大学生来说，开始有了固定的收入，在短时期内最重要的目标就是要自给自足，最好能够做到略有结余，利用这些结余开始自己的理财之路，早理财、早受益。

身在不同的城市、不同的工作岗位，每个月的收入也会有所不同。固定收入有限，面对生活中每个月繁杂的开销，究竟应该如何分配呢？

1. 储蓄占收入 10% ~20%

首先，每个月要从收入中拿出一部分用来储蓄，这部分约占收入的 10% ~20%。很多年轻朋友认为钱是挣出来的，不是攒出来的。这话似乎有些道理，但只说对了一半。收入的多少自然是赚钱因素，但只有养成储蓄的习惯、避免不必要的浪费，才能把握住手中有限的资金。储蓄是增加个人财富的主要方式之一，所以要养成储蓄的好习惯。很多人每次也都会在月初存钱，然而为了自己喜欢的衣饰、杂志、数码产品，到了月底的时候，存进去的大部分又取出来了。

在日常生活中，你不妨经常提醒自己，起码你的存款能保证你半年的基本生活。要知道，现在很多公司动辄减薪裁员。如果你一点儿储蓄都没有，一旦工作发生了变动，你将会面临尴尬的境地。并且，这半年的收入可以成为你的定心丸，如果工作实在不顺心了，无法继续煎熬下去，你可以潇洒地对老板说声“拜拜”。所以，无论如何，请为自己留条退路。

2. 生活费占收入 30% ~40%

每个月的月初，你都要拿出固定的生活费用，用来支付房租、水电、通讯费、柴米油盐等，这些能够满足你最基本的物质需求，是你生活中不可或缺的部分。这部分开销约占收入的 1 / 3。所以无论如何，请你先从收入中抽出这部分，不要动用。

3. 活动资金占收入 30% ~40%

每个月的收入除了以上这两部分，剩下的钱，约占收入的 1 / 3。这些钱可以根据自己的喜好，花在不同的地方。譬如在黄金周期间可以旅游度假；服装打折时可以购进自己心仪已久的品牌服装。这样花起来心里有数，不会一下子把钱都用完。这部分资金的弹性比较大，平时可以灵活掌握，能减少开销就尽量减少。如果每个月都能节约一笔，长时间累积下来，也是一笔十分可观的财富。

由于资金有限，刚毕业的大学生在理财的时候，可能会捉襟见肘，因此合理的理财规划需要注意以下几点：

（1）新人理财，稳妥是关键

相对整个社会群体，刚刚毕业的大学生属于社会新人，他们缺乏社会经验，抵御风险的能力较弱。所以，作为社会新人，理财投资的关键词就是“稳妥”。很多刚刚毕业的大学生可能会有急功近利的心理，总是想一口吃个胖子，在理财方面可能会选择那些风险较大的理财产品，结果血本无归。

人生的第一笔资金就像是幼苗的成长，需要耐心呵护，如果急于求成、拔苗助长，就会适得其反。在众多理财产品中，储蓄是比较稳妥的理财方式之一。不管工资收入多与少，每个月定额从工资收入中拿出一部分用来储蓄，并且要保证“只进不出”，时间久了，一笔小额财富就显现出来了。再比如，风险和稳定报酬融合的平衡型基金，可以是初次进入投资基金领域的社会新人很好的选择。

（2）要“节流”，更要“开源”

如何让钱生钱，是大家想得最多的事情，然而，毕竟收入有限，很多想法都不容易实现，所以建议刚刚毕业的大学生要处处“节流”，对于那些并非是生活必需品的，就干脆不买。其次，处于这个阶段的年轻人，最重要的是“开源”，“节流”只是我们生活工作的一部分，就像大厦的基层一样。而最重要的是怎样财源滚滚、开源有道。为了达到一个新目标，你必须不断进步以求发展，培养自己的实力以求进步，这才是真正的生财之道。压缩开支和积极投资，也只是短时期的办法。因此，应该积极关注自己的职业生涯，比如通过学习培训等形式提高业务能力从而提升自己的收入水平，或通过其他方式积极“开源”，使自己可以安心地发展自己的事业，积累经验、充实自己，使自己不断地提高，这样才会有好的发展。在当今社会，想要让收入翻几番，关键是提高自己的综合素质，更好地适应日趋激烈的职场竞争。

（3）尝试做兼职

平时不能只精打细算，还必须考虑增加收入。在一些大城市，像广州、深圳等，想要让自己的财富增长得更快，不妨在日常工作之余找一份兼职。一个毕业不久的年轻人更需要找一份兼职，这样不但可以增加自己的收入，还减少了自己外出消费和旅游的时间，也节省了一笔不小的开销。同时，兼职不只是为了多挣一份工资，而且还是个人有没有能力、有没有追求的具体表现。

“白领”工资规划的自制策略

说起“白领”，大家都会联想到衣着光鲜、工作在高档豪华的写字楼里的人。但却没看到大部分人都是时下流行的“月光族”，那么，作为他们中的一员，又该怎么理财呢？

财里财外

赵磊大学毕业两年，月入5000元，虽然所在城市平均月薪在3080元左右，消费水平一般，但是吃饭、租房子七七八八算下来，赵磊月月库存为零。可惜经济学专业毕业的赵磊空有一肚子理论，奈何“巧妇难为无米之炊”。

“没财可理！”赵磊说。两年下来，虽然日日朝九晚五、辛苦打拼，但赵磊仍然是个身无分文的“月光族”。

赵磊的同学王斌和赵磊收入相同，但是对收入的规划分配却不同，王斌每月按时在银行存上500元，一年下来，王斌存款6000元。

“6000元有什么用？”赵磊很不以为然。然而到了第二年，当赵磊仍在抱怨身无分文时，王斌的存款已经过万。由于手中握着上万元资金，王斌感到“钱生钱”有了可能，开始留意做一些投资让自己的资产增值。

生财有道

在当前物价不断上涨和流行提前消费的年代，储蓄似乎成为了一个不流行的话题，而且大多数人都会有这样的感觉：我没有什么大的开支啊，为什么我的钱就“没”了呢？尤其是刚刚走出校门，刚参加工作的年轻人，部分月薪也很高，但由于缺乏理财常识和社会经验，在生活中成了“月光族”。

究其原因，工资低是部分原因，关键在于这部分人缺乏理财意识，使得实际支出超出了收入。理财上有两个著名的公式：

支出＝收入－储蓄

储蓄＝收入－支出

从数学意义上看，两个公式完全相同，但从理财角度看，却有天壤之别。

第一个公式表明每个月收入拿到后，先满足储蓄的要求，然后再根据剩余的钱看菜吃饭，决定支出多少。

第二个公式是先满足各种支出需求，然后再去储蓄，存多存少完全取决于兜里还剩多少钱。尽管大家看上去花钱并不大手大脚，但正是因为公式的运用和消费理念的错误使得我们实际上存不了多少钱，所以不知不觉就变成了“月光族”。

那么怎样才能让自己摆脱“月光族”的尴尬，让自己的财富慢慢积累起来呢？下面理财“三字经”相信对大家会有一定的帮助。

1. 堵

“堵”主要是指理性花钱，减少不必要的消费。比如，现在各商场的促销手段越来越多、广告铺天盖地地让你消费。那么在心动时就要冷静下来认真考虑一下，自己是真的需要还是为了一时的便宜，如果是前者无可厚非，若是后者应尽量克制。

如常常看到一些女性消费者为了一时的兴趣买下大堆的衣服或化妆品，而后来却弃之不用，这其实也是一笔小小的财富。

2. 赚

让钱生钱，多学习金融知识。合理的储蓄计划、股票、基金、收藏等都是不错的投资渠道，不妨搭配使用。通常合理的理财搭配是储蓄占40%~50%，股票、基金、收藏占20%~30%，分红保险占20%~30%，彩票占5%。

3. 保

常言说：天有不测风云，人有旦夕祸福。保险虽说不能避免风险发生，但却能在风险发生时给予经济上的补偿。保险不是需要不需要的问题，而是家庭理财必须办理的问题。如养老保险、少儿险、婚嫁险、教育险、意外伤害险等，应根据自己的家庭情况办理合适的保险。

“二人世界”的理财规划

处在热恋中的男女青年由于需要感情投入，难免会有一些花销，尤其是男士，花销可能要更多一些。如果一起出去吃饭、旅游，通常男士都会展现自己的绅士风度。然而随着恋爱时间的推移，最终二人还是要走入婚姻的殿堂。在这期间，恋爱情侣需要做很多准备工作，除了经营感情，最重要的就是要学会理财，为将来幸福的生活作准备。

财里财外

由于工作岗位、工作年限的不同，收入的差别也很大，理财的方法也会有所差别。这里给大家举一个例子，供大家参考：

小刘和他的女朋友小张刚刚工作不到两年，由于收入有限，目前还没有结婚的打算。想要设计合理的理财方案，首先要了解基本的收入和支出情况。

（1）二人的收入情况

小刘在一家大型国有企业上班，每个月除了基本工资，还有奖金，大约为5000元/月。女友小张在一家外贸公司做商务文员，每个月的收入大约为3000元。

（2）二人每月的基本支出

二人暂时一起租房生活，房租800元，没有老人需要照顾，每个月水电煤气费350元、通讯费200元、吃饭1200元、零花1000元。

（3）远期目标

由于刚刚参加工作，开销比较大，暂时没有存款。长期目标是希望能够有一套属于自己的房子，最好是一套商品房。双方父母刚好能自给自足，所以很难给他们经济支持，希望自己能够付出买房的首期（大约要20万元）。

从上面的收入和支出情况看，两个人月收8000元，每月基本支出3550元，结余约4450元，暂时没有存款。针对他们的收支状况，可以参考这样的理财建议：

在不影响正常生活支出的情况下，建议小刘每月拿出3500元左右进行统筹安排，留1000多元备用。

（1）增加银行存款

有一定数量的银行存款是十分必要的，不但可以积累财富，还可以应对一些突发事件。建议小刘每月拿出1000元在银行办理一年期零存整取储蓄，每年到期后取出用于购买保险。在选择保险的时候，应该选择具有稳定收益且附加住院医疗的险种，这样不仅有稳定的收益，且有一定的医疗保障。在保险产品的期限上，可选择期限较短的品种，为几年后购房作准备。

（2）购买股票型基金

通常情况下，正处在事业逐渐成熟的时期，抵抗风险的能力会越来越强。因此，建议小刘每月拿出1500元通过定期定额方式投资股票型基金。虽然目前股市较为低迷，基金表现也十分疲软，但是投资要有长远的眼光，请专业人士代为投资股市仍然是个不错的选择。在选择基金时，要注意选择业绩较好的基金公司，这样相对风险较小，又有机会获取较高的投资收益。

（3）购买货币型基金

为了保持资产的流动性，建议小刘采用定期定额方式，每月拿出1000元购买货币型基金。以某银行在售的招商现金增值基金为例，这种基金变现能力较强，赎回后次日上午9点30分前即可到账。与活期存款相比，虽然存在一定的风险，但平均收益率相对较好，受到很多人的青睐。

针对以上这些投资组合，如果二人的收支情况发生变化，可及时调整各部分的投资金额，尽可能让投资更加合理。

生财有道

二十几岁的情侣在理财的时候还要注意以下几点：

首先，年轻人正是拼搏的大好时光，此时还不是享受生活的时候，因此要把自己的事业放在首位，而不要每天想着怎样消费。在日常生活中，一切费用须有预算，控制花钱的欲望，无论是你手头富裕还是不富裕，该花的钱一定要花，不该花的要尽量少花。不要让支出大于收入，否则便是不正常的现象了。

其次，就是关于支出分配问题。很多男士在和自己的女友一起消费的时候，都会主动买单，其实，“AA 制”也是不错的选择。因为感情归感情、钱归钱，虽说是恋人，还是分清楚比较好。虽然一开始双方可能会不习惯，但时间久了你会发现这样做是有好处的。作为女士，可以主动提出实行“AA 制”，男士因为碍于面子是不可能主动提出的。同时，“AA 制”也可以减轻自己和他人的经济负担，也不给他人造成计划外的麻烦。如果日后因为在钱的方面出现了分歧，进而影响到了感情，岂不是十分遗憾。当然，和普通的朋友在一起就另当别论了。

最后，恋爱也要务实。处在热恋中的男女青年，恋爱期间的花费也是很大的一笔开支。在这期间，男女总想以鲜花、礼物或出入酒吧、咖啡厅等场所来进一步稳固情感，尤其是男性，在女友面前即使囊中羞涩，也特别在意“面子”。有的人认为，钱花得越多越能代表对恋人的感情，其实这是一个误区。如果经常把恋情建立在金钱基础上，长远下去男女双方都会感觉到索然无味，同时还会让自己经济紧张，也会令对方无形中感到压力，影响对爱情的判断。一旦分手，即便没有产生经济方面的纠葛，也会使“投资”多的一方蒙受较大经济损失。另外，你的大手大脚有时还会产生很多负面作用，对方及对方父母可能觉得你不踏实、不会过日子。

在选择礼物时，也要注意，礼物不求名贵、更不要华而不实，应考虑对方的喜好、需要与自己的经济能力相匹配。只要真心，1 朵玫瑰并不比 99 朵玫瑰代表的爱意淡薄。

中高收入阶层的投资计划

随着国内高收入家庭逐渐增多，高收入家庭的理财规划日益受到重视。高收入并不意味着能持续拥有财富。所以，那些合理、有效、具有针对性的专业理财建议显得尤为重要。

我国高收入家庭的基本特征是：年收入在 20 万元以上，拥有两套及以上的房产，金融资产在百万元以上。此类阶层抗风险能力较强，资金节余较多，有充分的资金可用于投资理财，因此建议采取多元化投资组合的方式进行投资。可以采取基金、结构性存款、集合理财产品和房产等实业投资进行组合。

财里财外

刘先生在大学期间是学国际贸易的，女友是学外语的，毕业后两人辛苦打拼了几年以后，有了一定的积蓄。于是，两人开了一家小型外贸公司。由于两人经营有方，外贸公司有了起色，每年的收入也很可观。目前，两人年收入在 20 万元左右，现在已经有 50 万元存款。另外，刘先生手中常有一两百万元的流动资金，流动期在两个月内，尚未有任何投资。

（1）理财需求

刘先生准备在一年后结婚，目前没有车也没有买房。他们想在两年内生小孩，所以，买房就变得很迫切。两人希望买一套住房，但不知道买什么类型的住宅好。

由于两人忙于公司的繁杂事务，对理财方面就没有详尽的计划，同时也没有为自己购买任何保险。刘先生希望为自己制订一个详尽的理财计划，包括合理的保险。

（2）理财规划

①购小户型住宅

考虑到刘先生马上要结婚，购房就成了当务之急。虽然刘先生家庭的收入丰厚，但是他的事业还处在成长期，尚未达到顶峰，因此现在不妨买一套小户型的住房作为过渡，等以后资金充裕了再换一套大房子。

②不可缺少的医疗保险

作为高收入人士，由于日均工作时间、工作压力都会远远高于常人，健康状况并不理想。因此，对于这类人群来说，购买保险特别是健康险，为自己的健康与生命提供保障就显得非常重要。保险分为保障型和理财型两大类。人有旦夕祸福，因此，防范风险的保障型保险是家庭不可缺少的。两人共同经营的外贸公司是家庭的主要收入来源，因此应该加强人身保障，增强遭遇意外事件时的家庭抗风险能力。建议两人各买一份疾病保险附加意外险，年交保费 3000 元，保险额度可达 30 万元。购买消费型保险，预计年保费支出 4000 元。理财型保险则应在保障比较完善后才可以考虑。此外，也可购买高额万能寿险，附加补充医疗险和意外险，保障自己和家人的生活稳定。

③合理配置投资组合

目前，刘先生有 50 万元的银行存款，没有其他的理财产品，显然，刘先生的投资组合单一，由于储蓄的利率很低，所以年收益有限，选择合适的理财产品是刘先生理财的第一步。

在股市震荡的大背景下，投资基金是最好的选择。刘先生可以用 15 万元来购买货币市场基金。货币市场基金本身流动性很强，同时收益高于活期存款，免征利息税，是理想的现金规划工具。

此外，券商推出的集合理财产品或信托产品也是高收入家庭的理想选择，这些理财产品收益较高、风险较低，但进入门槛高，一般 20 万元以上才能进入。因此，刘先生可以拿出 20 万元来购买这样的理财产品。

考虑到刘先生在近期可能要买房，所以手中应该多留一些储蓄，剩下的 15 万元可以办理银行储蓄。为了提高收益，其中的 10 万元可以办理定期储蓄，剩下的 5 万元办理活期储蓄，也可以当作日常生活中的应急资金。

对于刘先生手中的流动资金，可以拿出一部分办理通知存款，如果需要这笔资金，可以提前 1 天或者 7 天通知银行，这样既可以获得一定的收益，同时也不影响资金的周转。

④准备子女生育金和教育金

根据目前的实际情况，刘先生的孩子的生育金在6000元左右，可以预留2万元，这笔钱可以从5万元的银行活期存款中支出。孩子出世后，教育规划是做家长必须要面对的问题，而且教育金的准备宜早不宜迟。建议刘先生以孩子的名义进行基金定投，每月投入一定的数额，等到孩子长大的时候，就可以获得丰厚的教育基金。

通过以上规划的执行，刘先生的理财目标基本可以得到实现，财务安全得到保障的同时，整体资产的收益率也比较理想。如果刘先生的公司不断壮大，建议刘先生可以对理财计划进行适当的调整，增加投资的种类，对那些收益较高的理财产品，可以继续追加投资。

生财有道

作为二十几岁的高收入家庭，以下几个方面是应该值得注意的。

1. 注意投资组合

由于这类家庭收入高、风险承受力较强，可选择理财产品中风险较高的品种，风险与收益一般成正比，若风险投资比较得当，收益是相当可观的。因此，高收入家庭在选择投资组合的时候，就要注意了。除房产投资和直接投资债券外，可以适当选择一些风险较高的理财产品。此外，子女教育投资也不可小视。同时，子女教育投资也是投资周期最长、回报收益普遍很高的一项亲情式的前瞻性投资。有条件的家庭可以让孩子到国外完成高等教育学业，这是非常具有远见的选择。无论是对家庭，还是对孩子的未来，都是十分有利的。

2. 通过保险等方式合理地避税

高收入的家庭可以利用税法规定的免征额和起征点、不同的税率，改变工资、报酬、劳务的支付方式和时间、费用转移等合法手段合理节税，从而减少财富流失。

此外，购买商业保险不但可以合理避税，也可以避险。其中，重大疾病类保险具有缴费低、获得的保障利益大等优点。寿险、意外伤害险也是不可或缺的保险种类。

3. 妥善处理财产传承

对高收入家庭来说，财产传承规划首先要考虑在夫妻双亡意外发生时，孩子的监护与遗产的管理，特别是多子女的家庭。财产传承规划不仅可以使意外发生后的子女得到生活保障，而且可以避免不必要的家庭或法律纠纷，使财产能被顺利地得到继承，减少因为家庭纠纷带来的财产损失。

由于收入丰厚，高收入的家庭在理财方面要有目的性和计划性，进一步扩大财富的来源，让收入“更上一层楼”。

二十几岁做好婚姻理财规划

理财对于一个家庭来说显得更为重要，它是家庭幸福、婚姻美满的基本保障，如何支配和规划好生活中的每一笔开销，是二十几岁年轻夫妻应该学习的一门必修课。

财里财外

有一对夫妻，丈夫是某私营企业的老板，妻子是名模特，他们都有不菲的收入。按道理来说，这样的家庭自然不愁吃穿。可结婚后没几年，丈夫的公司就破产了，妻子也和他离了婚。

原来，妻子花钱没有节制，买什么都要买最好的，背限量款包包，穿世界著名大师设计的衣服，去进行最奢华的旅游，只要她能做的，都不会放过。即使丈夫钱再多，也抵不住这样花。妻子还挪用公司的资金，导致最后公司资金链断裂、丈夫破产，二人都一贫如洗。

从这对夫妻身上，我们深刻理解了夫妻二人在理财方面的配合度有多重要。

生财有道

每个家庭都有自己过日子的方式，在理财方面并没有确定的规矩。有的家庭妻子当家，丈夫每月发了工资一交了事，对家中的经济状况基本不过问，家里有多少钱也不清楚；有的家庭是丈夫管家，妻子大多对管理家庭开支并不热心；还有的家庭是夫妻二人共同理财，家中的开支与储蓄两个人商量着来；还有一些人结婚后彼此经济独立，每日各掏生活费一起生活，家中购置大件共同添钱，平时是自己挣的钱自己花。其实，不管是哪种方式，只要家庭生活幸福美满就好。

现在的储蓄都是实名制，目的是对公款私存和贪污腐败现象进行遏制，便于有关部门侦破经济案件和处理个人经济纠纷。夫妻两人的钱则没有必要分开存，因为不管储蓄时写谁的名字，都是双方共同的财产。

累积财富无非就是两种渠道，一是开源，二是节流。两者比较而言，开源比较费工夫，有时会事倍功半，而节流就简单多了，只要懂得怎样花钱和省钱就可以聚积财富。下面介绍几种聚财方法。

第一，每月从工资中抽出一部分钱存入银行，不必介意利率的多少，只不过是将这部分钱暂时封存起来，对你的支出有个约束，不到非用不可的时候绝对不动。这样日积月累，你就可以攒不少的钱。

第二，家庭的经济支出一定要有计划，清楚你的钱每天、每周、每月流向哪里、流出多少，详细列出家庭预算与支出表。花钱不可大手大脚，买东西时一定要仔细检查、核对所有的收据，看看商家有没有多收费。不要忘记了，在买东西之前还要想一想：“花这钱值不值得。”同时，学会砍价，你自己不主动砍价，店家是绝对不会主动降价卖给你的。

第三，不要随便丢弃东西。居家过日子久了，难免会积攒一些“破烂儿”，不要随便就把它们丢掉，能用的东西尽量用，实在没有使用价值的东西才可以将它丢弃。不要过分攀比、铺张，人家有什么，不必自己非要有。顾了面子，丢掉的却是票子。

夫妻共同理财是家庭生活的重要内容。如果一个存一个花，什么时候也不能合拍，家庭生活也不会幸福。此外，家庭节流是理财的一个重要环节。

有钱人最懂得节省和投资，在你没有其他生财之道，又没有高薪职业的时候，不如走省钱的道路。

理财小测试：你的财富涨幅大吗

现在做投资的人越来越多，各种投资的手段也日新月异，你的财富投到哪里了？它有多大的升值空间呢？

假如有一天早上醒来发现自己被外星人抓走，你打算会怎么做？

A. 想办法逃走。

B. 装死。

C. 求他们放自己走。

D. 与外星人拼死搏斗。

答案解析：

A：财富行情看涨指数 55%。你为人勤奋，只要有机会就会学习一些实用的工作技能，一旦时机成熟你一定会令人刮目相看。

B：行情看涨指数 20%。你专注于自己所从事的工作，希望能做得更好，只要能把自己分内事情做好，你总有一天会成功。

C：财富行情看涨指教 90%。你的 IQ 和 EQ 都非常高，懂得分享和包容，会让大家觉得你不仅仅是事业成功，做人方面也非常沉稳。

D：行情看涨指数 50%。你做事果敢，敢于冒险。这种性格在生意场上不是大赢就是大输。只有学会控制风险，财富才能稳步增长。

第5章 二十几岁不可不知的消费技巧

合理消费，就是要量入为出。在购买商品时，应该考虑到家庭的购买能力，做到适度消费。除了要合理消费外，节约也很重要。《资治通鉴》很早就揭示了节约的重要性：“地之生物有大数，人之力有大限，取之有度，用之有节，则常足；取之无度，用之无限，则常不足。”

二十几岁的你要合理支出

花钱就像流水，只要你不计后果，没有规划地花钱，就算是金山银山也会在瞬间消失。常听人们说“挣钱不容易，花钱如流水”，就是这个意思。有一个坏的消费习惯，注定你一生也不可能成为富人。

财里财外

众所周知，泰森是全世界著名的拳王，20 岁时就获得了世界重量级冠军。在他 20 多年的拳击生涯中，总共挣了 4 亿多美元。但是他的生活极为奢侈、挥金如土：泰森有过 6 座豪宅，其中一座豪宅有 108 个房间、38 个卫生间，还有一个影院和豪华的夜总会；他曾买过 110 辆名贵的汽车，其中很多都送给了朋友；他养白老虎当宠物，最多的时候养了五只虎，其中有两只价值 7 万美元的孟加拉白老虎，后来因为法律不允许才作罢，付给驯兽师的钱就有 12 万美元；他曾经在拉斯维加斯最豪华的酒店包下了带游泳池的套房，一个晚上的房租就达 15000 美元，在这样的套房里点一杯鸡尾酒就要 1000 美元，而泰森每次放在服务生托盘中的小费都不会少于 2000 美元；在恺撒宫赌场饭店，泰森甚至带着一大群他叫不出名字的朋友走进商场，一小时就刷卡 50 万美元，自己却什么都没有买；就在他申请破产之前，他还在拉斯维加斯一家珠宝店中买了一条镶有钻石的价值 17 万美元的金项链。由于挥霍无度，到了 2004 年 12 月底，泰森的资产只剩下了 1740 万美元，但是债务却高达 2800 万美元。2005 年 8 月，他向纽约的破产法庭申请破产保护。

生财有道

我们很多人没有泰森有钱，但却有泰森的花钱习惯。所以，如果下一次你又感觉自己生活拮据的时候，不要再嫌自己挣得少了，先来看看自己的花钱习惯。

为自己制订严格的支出计划，能够节省的地方就尽量节省。其实也没有想象中的那么难，你只需要在购物时多问自己一个问题：这个东西我不买可以吗？如果回答是“可以”，那么就不要购买。

当然，把钱花在刀刃上也并非告诉你时时都要抠门吝啬，该有的娱乐休闲花费也一样不能少，你要做的只是规定这些花费在你所有资金中的合适比例，按计划花钱才能享受乐趣，而不是在将来需要时却发现钱袋空空。

会赚钱是一种能力，会花钱是一种态度，而大多数时候，态度决定命运。

二十几岁最容易陷入的消费误区

在现实生活中，有的时候，家庭消费就像是一个无底洞。然而不难发现，有的家庭虽然收入不高，但生活却过得比较宽裕；而有的家庭收入颇丰，可日子过得并不富裕，原因何在呢？不妨从家庭消费方面找原因，一些消费误区会使自己的经济陷入拮据的状况。

财里财外

有句老话这样说：“消费者都是爱贪小便宜的。”消费者追求物美价廉没有错，但是很多消费者忘记了自己是不是真的有需求，如果看到价格低就买了，买回家之后才发现其实自己根本就不需要，那就得不偿失了。所以，爱贪小便宜也是日常生活中的消费误区。

生财有道

以下这些是常见的消费误区，二十几岁的你可以自我反省一下，看看自己是否也存在同样的误区。

1. 攀比消费

自己的家庭自己最清楚，每时每刻都要牢记量入为出。如房屋装修，人家花 10 万甚至更多，装饰得比较豪华。而作为工薪家庭，则不能盲目攀比，家庭装饰应该以整洁明亮、经济实惠为原则，花钱不多，不用借款欠债，轻松自在。

2. 盲目从众购物，时髦消费

有些人为了一味赶新潮、撑面子，也不管有用没用，什么东西都往家里买，结果造成经济拮据，还占据了空间。对于收入有限的家庭来说，应该把有限的资金用在急用或必用的地方，对于那些可买可不买的东西，就干脆不买。

3. 疯狂购买廉价的处理商品

每当碰到商家廉价处理的商品，很多人便开始蠢蠢欲动。购买处理商品，表面上省钱，其实是蚀了本。处理品多为过时货、积压品，与其花几十元买双处理皮鞋穿半年，还不如买双名牌皮鞋穿几年。

4. 做表面聪明实际愚蠢的事

有些人喜欢“精打细算”，想方设法让自己花更少的钱买更多的东西，然而聪明反被聪明误。有人为了省下一点儿价差，每次购物都采用批发的形式，而批发消费往往一买就是一大堆。比如水果零售 2 元钱一斤，买 5 斤要 10 元钱；批发 1 元钱一斤，一箱 30 斤，要 30 元钱。水果买多了吃不完就会变质，没占便宜反而吃了亏。

走出这些消费误区，虽然不能让你成为暴发户，但可将不该花的钱攒下来，把有限的资金用到刀刃上。

价格再疯降，购物不疯狂

每到节假日和季末，众多商家纷纷打出换季促销招牌，这些打折促销信息就开始诱惑人们的双眼，各种打折的促销手段令人眼花缭乱、层出不穷。面对着往日需要几百、上千元才能购买的衣服，而现在以 7 折、5 折，甚至更低的价格清仓促销，人们往往会在抢购的同时，失去了平日里购买时的理性。消费者买得不亦乐乎，商家更是赚得盆满钵满。当遇到一些不够诚实的商家时，往往伴随而来的就是相关质量投诉的出现。因此，并不是所有的打折促销商品都能带给消费者实惠。面对这样的诱惑，消费者需要理性面对、仔细斟酌。

面对商家的打折促销，作为消费者，首先要善于识破商家促销的假象，识破商家们温柔面纱背后隐藏的那一个个坑人的陷阱。

财里财外

随着市场经济的发展和市场供求关系的逆转，许多产品陷入销售困境。为了高额利润，各商家之间的宣传促销大战此起彼伏。商家为了达到扩大销量的目的，用遍了五花八门的促销手段，用得最多的就是降价让利这一最原始最简单的办法。降价销售这一招迎合了普通民众的趋利心态，便捷实用，且效果显著，因而此法作为招揽生意的常用手段。

商家设置各种打折陷阱，让消费者蒙受损失。在众多的销售手段中，折价让利是公认的最容易让人上当受骗的销售手段。虚假打折不外乎以下几种情况：

蓄意抬价，再故意打折。大多消费者看到打折商品就不会再讨价，商家就是利用消费者的这种心理，蓄意抬价，然后在一定程度上给顾客一个折扣，以此欺骗顾客，赚取利润。

买一赠一，处理滞销。有的商家打出“买一赠一”的幌子吸引消费者，而顾客满心欢喜获得的赠品却是滞销品、便宜货，甚至是一些假冒伪劣产品，侵害消费者的利益。广大消费者要谨慎购买此类产品。

所谓“幸运”抽奖。“幸运”抽奖就是个美丽的谎言，中奖的概率少之又少，而费了九牛二虎之力得到的“丰厚奖品”只不过是“水中月、镜中花”。所以，购买商品要看中商品本身，不要为了奖品而过多消费。

以次充好，再打折。有些商家将一些“三无”产品或是质检不合格的商品以次充好，再打折销售，貌似“让利”给消费者，实则欺瞒“门外汉”的消费者。这些欺诈行为，为消费者所痛恨，也为正直的商家所不齿。

返还购物券。“返还购物券”是很多商家的促销手段，当客户拿着购物券购物时，却发现限制颇多，如只能在指定的时间段购买指定商品，过期不候。返券销售并非真正的实惠，其实是吸引消费者进行循环滚动式购买，并且有些商家先抬高原价或临时宣称某些商品不列在活动之内，导致消费者权益受到侵害。

生财有道

在激烈的市场竞争中，许多商场的商品价格与价值已经发生严重背离。为了保证自身利益，不得不利用自己的信誉作赌注，尤其在促销活动中，他们利用各种形式，巧设圈套，在定价的时候就已经确定好了打折后的成本价，这样使得消费者比正常情况下多掏了很多钱。因此，精明的理财者要学会理性面对商家的打折促销。具体来说，应该怎么做呢？

1. 避免盲目消费

随着竞争的加剧，百货行业似乎患上了“过节依赖症”，每逢大小节日就开始大力促销。消费者应选择自己真正需要的商品，看清商品信息，不要因为商家的宣传、游说而一时冲动购买自己并不需要或质次价高的商品。大额促销背后，其实是一场利益博弈，商场在打折返券的过程中把压力都给了供应商。在这过程中，抬高价格、拿出积压的旧款商品，以次充好的现象也常有发生。

然而，盲目消费的弊端还不止这些，当一些消费者大包小包提回家之后，才发现其中的大部分商品并不是自己需要的，很多衣服根本没有配套的服饰，要么再花更多的钱买匹配的服饰，要么就只好压箱底了。在购买时，消费者要切实根据自身实际需要，有条件的情况下尽量先试穿衣服，确认衣服的质量、品牌、尺寸和材质等。因此，在购物的时候，可以列出一个清单，必要时就拿出清单看看，提醒自己，要时刻谨记，按需消费，一定要买自己所需要的，要避免冲动消费，以免造成不必要的浪费。

2. 克制过度消费的欲望

面对打折，很多消费者，尤其是女性消费者，往往不能自已，很容易膨胀自己的购物欲望，看着各种平时价格高昂的不敢问津的商品，此刻突然放下了高贵的身价和自己“亲密接触”，于是不假思索地把钱包掏空之后，继续刷卡消费，此时感觉不到花钱的心痛，而只有购物时的快感。因此，在面对打折促销的时候，除了要擦亮眼睛识破各种骗局之外，还必须为自己的欲望打折，以免造成不必要的花费。这样才能减少财富流失，合理消费也等于赚钱。

3. 积极维权

有些商家在促销活动中会设下陷阱，如虚构原价、赠品奖品任意缩水、擅自减免赠品以及“三包”责任、借打折销售积压商品等行为，消费者一定要仔细辨别，不要上当。商家从不做亏本的生意，打出的促销广告，往往把优惠、降价的“甜头”放到最大，却隐藏了限制性的条件。“买家不如卖家精”。消费者必须学会理性地面对商家的降价宣传，不要成为商家降价战中的一只“棋子”任其摆布。如果自身合法权益受到侵害，应及时到工商等有关行政管理部门进行申诉、举报或投诉。

理性消费，购物要精打细算

超市购物方便实惠，是不少人日常购物的主要场所，可以说大部分人日常消费品的采购基本都是去超市。不少人认为超市所有东西都是明码标价的，因此在超市购物无论什么时候、什么情况下都是一样的。其实，如果你掌握一些超市购物小窍门，还是能节省不少开支的。

财里财外

购物的时候尽量带重复使用的购物袋。自从国家采取禁止塑料袋政策以来，超市就不再免费提供购物小塑料袋了，改用收费的环保可降解塑料袋，每个袋子都是要收钱的，如果每次购物你都要购买袋子，那么就要多花一点钱。如果带上家里能够反复使用的购物袋，不仅结实，而且还不用花买购物袋的钱。

生财有道

购物费是我们日常生活中的一项大的支出，我们必须重视起来。怎样才能节省购物费呢？

1. 尽量在比较晚的时候去超市

超市里的那些特价熟食、蔬菜、水果因为受到保质期的严格限制，所以到晚上的时候就会比白天便宜一半甚至是更多，而且越临近关门的时候越便宜，这个时候去购买自然就能省不少钱。

2. 注意超市的优惠单

大型超市通常每隔半个月就会制作一份购物宣传册，很多商品都会优惠，消费者应该抓住这个规律，尽量以便宜的价格去购买自己所需要的商品。另外需要注意的是，家电产品和家具卫生用品不要在超市买，这些商品在超市里卖的价格通常都比较贵。消费者买完商品后还应该认真核对一下购物小票，看看有没有商品数量和价格被弄错的现象，如果发现问题就要马上解决。

3. 高价格的东西不等于高品位

有些消费者盲目地认为价格高的东西就是好东西，其实并不是这样的。我们在日常生活中应该讲究物美价廉，不要去追求价格高的商品。再说生活品质和金钱的高低并没有直接的关系，生活的品质不能靠钱来打造。

4. 计划购物

去超市和商场购物前，最好先列好一个购物清单，只买自己需要的商品，不要买多余的；买完之后就离开，避免商品的诱惑；准备一个计算器，千万不要超出预算；空手入超市，不要推购物车，也不要带购物篮，如果你经常在一个超市买东西，那最好办理一张会员卡，这张会员卡可以为你带来不少实惠。

记账——随时随地的理财方式

提起记账，很多朋友都觉得很简单。不错，记账很简单还很琐碎，但是却很少有人能长期坚持下来。我们身边的大部分人都没有记账的习惯，能够坚持十年以上的人更是寥寥无几。

很多人都不记账，最大原因是觉得记账太麻烦，其实记账并不麻烦。现在不少网站都提供了简单、容易操作的记账工具，只要自己每天肯花一点点时间，把自己的财务状况数字化、表格化，就可以轻松得知自己的财务状况，还可以帮未来作好规划。

财里财外

从小学五年级起，吕小姐就养成了记账的习惯，就算每天只花几块钱，她也会在晚上睡觉前仔仔细细地记录在本子上。时间一长记账就变成了她的一种生活习惯，甚至可以说记账已经成为了她生活的一部分。通过每天的一笔一笔地记录支出，吕小姐养成了良好的消费习惯，有时候支出多一点，她都会心生警惕，告诫自己以后不能再乱买不必要的东西。

参加工作后同事们很快就变成了“月光族”，而且还根本弄不清每个月的工资是怎么花没的。可是吕小姐却不是这样，她的工资每个月都有盈余，而且她非常清楚自己钱的去向，知道自己的钱是怎么花的。渐渐地，吕小姐有了不少积蓄，她开始利用手上闲置的资金作投资，并且进行投资时会把每笔资金的具体投资方向、数目和所占的比例都记在账本上，这样一来她对自己投资活动就掌握得一清二楚。

吕小姐结婚后掌握了家里的财政大权，她很认真地管理家庭的收入和支出，在她的影响下老公也开始记账，他们就这样努力着、坚持着。他们的努力很快就有了效果，就在她的同事们还在望房兴叹的时候，她和老公已经拥有了自己的房子和车子，而且贷款的负担也在可承受的范围内，同事们都非常羡慕吕小姐。

生财有道

记账最重要的是把当月的收入和每天的支出记录得清清楚楚，可以清楚地知道自己每一项花费的具体情况，以及家庭的正常需要是否得到了适当的满足。每天记账必须要清楚金钱的来源和去处。

理财记账都应该有哪些内容呢？通常来说，理财记账应该分为以下几类：

第一类是最普通的理财记账本，又叫日常消费记账本。按照时间、项目、花费逐一进行记录。如果想要采取比较科学的方法，就应该除了要记录每一笔消费外，还要记录自己采取了哪种付款方式，是刷卡、现金还是借贷，还要对这些消费进行分析。

第二类是发票档案本。主要是收集购物时的小票、发票、合格证、保修卡和说明书等。当你购买的商品出现质量问题给自己带来损失的时候，这些票据就可以为自己的家庭挽回损失，所以一定要妥善保存。

第三类是投资账本。专门用来记录家庭投资的投入和产出，这个账本能让自己了解家庭理财的投资状况，及时地调整投资方向。

记账时，可以掌握以下技巧。

概略记录法：记账时能够逐项记录当然是最好的，但是如果你觉得实在太过琐碎，那也不必太过烦恼，你可以用只记录大略支出的方式来代替。比如说一日三餐加起来是 20 元，那么你一个月的伙食费就是 600 元。其他的项目也可以照这种方法办理，简化记账的方式，只记录重点，就容易养成习惯坚持下去。

分门别类法：经过流水账一样的逐项记载后，最重要的工作就是要分类，按照月份、星期、具体时间区分好后，设计所需要记录的项目，设定收入和支出的识别颜色，让自己更清楚更方便地了解账本。

两抽屉法：把记账表分为两类，一类是消费抽屉，一类是储蓄抽屉。刚开始的时候可能会因为计划不合理而经常动用储蓄抽屉的钱，但是要慢慢地提高消费抽屉的可运用日期，直到完全不用储蓄抽屉的钱为止。

在线记账法：这种做法可以在任何一台可以上网的电脑进行，可以把相关数据制成表格，这样一来你花了多少钱就一目了然了。

支出检讨法：只记录每天的消费是远远不够的，更重要的应该是从这些枯燥的数据中分析出省钱的技巧，还要看看有没有“开源”的可能性，另外还要检视每项花费是否必要、合理。

定额提款法：如果你实在是懒得记账，但还是想控制自己的支出，就可以每周定额从自己的银行卡里提取固定的金额，大概是月收入的 1 / 5，剩下的钱就存起来，然后就通过不断控制提取数量直到提取费用的次数、金额不超过目标额为止。

多账户法：把自己的账户分为定期定额账户、房贷扣款账户、信用卡账户、现金领用账户。

平台法：借助记账 APP 记账。这种方法很适合当下的年轻人。可以在手机搜索中寻找相应的记账软件，方法简单，易于操作。

二十几岁应该学习的节俭生财诀窍

我们经常看到，很多人在收入增加之后，其生活状况并没有实质性的改观，不过是徒然增加开支罢了。原因是他们在开源后并没有意地去节流，没有让每一块钱发挥出应有的效应。

财里财外

巧妙利用时间差，不但可以省钱，也可以给自己减少很多麻烦。就拿旅游来说，很多人都会在“黄金周”出游，因此拥挤也就不可避免了。由于和全国人民挤在了一起，除了耗时耗力，还有可能要支付比平时更贵的门票，让人苦不堪言。想要改变这种状况也很简单，利用带薪休假，将假期推迟一到两个礼拜，自然就能够轻松愉快地旅游了。

再比如，家庭用电。有的地方在家庭用电方面有这样的规定，即晚上22点以后，用电享受半价的优惠。因此，不妨错开用电的高峰时间，把集中用电时间稍微推后至晚上22点以后。

生财有道

要拥有金钱，就得学会省钱，二十几岁的你一定要学会节俭。

1. 积少成多法

一日三餐、基本日用品、坐趟公交车、一本令人心动的小说、一场赏心悦目的电影、一件价廉物美的衣物……钱出钱包的频率相当高，因此一天下来，你会发现钱包里多了许多零钱（人民币5元以下），此时你可以将这些零钱都取出来，专门放置一处。以后如法炮制，日日坚持，一月、一季或半年去银行换成整钱结算一次。此时平常不善存钱的你，便会惊喜地发现每日取出存放的、无足轻重的零钱已汇聚成一笔可观的数目。

2. 忍者神龟法

现代男性注重时尚、追求品味，购买名牌物品劲头十足，但狂热追求名牌的结果只会使你陷入入不敷出的窘境。因此在面对名牌冲动时，你要学会忍，要将有限的财力用在刀刃上。事实上，只要你做个有心人，完全能在各种不同的打折销售时期，花上原价几分之一的价钱，购到你心仪的名牌。

3. 寻找替代品法

工作压力大、心情不好时，许多人常会用逛街大肆采购来发泄情绪，应该试着找些不需花太多钱的方式作为替代。比如跑步、打球、到山顶上高声呐喊……这些都能起到减压与调节情绪的作用。

4. 潜力发掘法

也许你目前所从事的职业不一定能用上你的全部技能，或是你能轻松完成本职工作，尚余有大量精力。此时你便要克服惰性，充分发挥潜力，趁着年轻单身时大干快上。文笔好的可从事业余创作，学有财务知识的不妨做兼职，如此等等，不仅对你的本职工作大有裨益，同时也能积累可观的资本。

5. 完美投资法

通过开源节流，当你已拥有一定资产后，此时理财的重点便要转向投资。有条件的可将资产的一部分作为首付款购买房产，不足部分向银行贷款，强迫不擅长定期存钱的你按期还款付息，其余资产可投资于国债、基金或申购新股等风险性较低而回报颇高的项目，将收益用于加快还贷。如果你具备相关的金融知识，又有较强的风险意识，就可尝试将资产的70%投入风险较高的积极型投资（如股票），余下的30%用于保守型的投资（如国债、定存）。还可将资产分为五份，分别投资国债、保险、股票、定期储蓄或活期储蓄，风险投资、保险投资、应急用钱皆可照顾得到。

送给二十几岁的“外食族”

在家里吃腻了，总免不了出去吃吃火锅，光顾一下麦当劳、肯德基，泡泡咖啡厅，怎么才能在外面吃得又舒服又省钱呢？想要达到这样的目的，技巧是很重要的！

财里财外

时尚不一定意味着要奢侈、铺张和浪费。花最少的钱，过有品质的生活。在国际金融风暴席卷全球的今天，全世界都在倡导节俭，并把节俭作为一种文化加以推崇。面对攀升的物价，时尚达人们除了提升自己赚钱的能力，还得提升自己省钱的技巧。

在节约消费潮流的引领下，各种新消费方式迅速流行开来。名声在外的“酷抠族”在圈内流行着一首颇为有趣的打油诗：“不打的，不下馆子，不剩饭，上班记得多锻炼，家务坚持自己干。”最近还有一项有趣的调查显示：68%的北京、上海、广州白领在近3个月内加入了带饭上班的大军；有约

48%的人已经开始在网上购买洗发水、牙膏、沐浴露等日用商品；使用第三方支付网上预订机票的人数也大幅增加。此外，还有很多省钱的方法，诸如参加团购，买反季服装，拼饭、拼车、拼房、拼婚礼等。各种省钱经也迅速在网络上蹿红，如“晚上9点去超市；上午买机票最便宜；电影要看打折的”等，这些“省钱经”契合实际，追捧者众多。在2016年，还有一种头衔——“省长”也备受推崇。这里说的“省长”是指省钱高手。

生财有道

经常在外吃饭的二十几岁的年轻人，应该掌握以下几种节俭方法。

（1）自助省钱心法

吃自助餐也蕴含着很多省钱的智慧，一切要以“合算”为根本。那么怎么吃才能“吃回来”或者“赚到”呢？下面就重点介绍一下方法。

吃自助餐最重要的就是要早到迟退。早点去，先弄清楚几点开始，许多自助餐厅中途会换新菜，迟了很多菜可能就吃不上了，早到迟退的人可以吃到更多的菜品。

不要饿一天肚子去吃自助餐，像网上说的那种“扶着墙进去扶着墙出来”是不可行的。饿过头反而吃不下，最好是之前那餐吃些容易消化的食物，比如面条等。

在开吃之前，要把所有的菜浏览一下，然后再每样都夹一小点儿，挨个试试味道，然后再决定着重吃哪些，这样做一来避免浪费，二来可以尝到更多的菜品。注意，千万不要先吃面包或喝汤，尤其不要喝那些比较油腻的汤，就算真的很想喝也要在吃了沙拉之后。沙拉可以帮助消除人体对肉类的胀腻感。此外，选择酱汁时应尽量选择柠檬汁，有助于消化。

吃肉时千万别忘了吃点儿芥末、酸黄瓜或者橄榄，它们可以减少肚子里的油腻。

（2）旅游吃喝省钱

外出旅游如何吃喝省钱呢？恐怕是很多人的难题，其实这其中也有很多小技巧，让你在省钱中应对。如：

饮料喝完了，可以在吃饭的地方要点凉开水，装满饮料瓶。候车室一般都有免费的开水，也可以在这里用自己的杯子打水。

独行者吃饭省钱。你可以提出一个你的价钱，让餐馆按照你的价钱出分量，或者点半份菜，这样可以在不浪费的情况下省钱。

吃当地特产，如海鲜时，可以自己到海鲜批发市场或农贸市场买，然后拿到餐馆加工，但应先了解餐馆的一般加工价格。当然，如果吃低档海鲜就没有这样做的必要了。

（3）学校食堂为什么成“白领餐厅”

随着肉价上涨，盒饭的价格也在不断上涨，写字楼内上班族的吃饭成了个大问题。据调查发现，不少在高校附近工作的白领一族都流行到学校食堂去吃饭。大家花上 5 元左右就能吃得很丰盛了，所以细算下来，有这样一笔账：在外面饭店就餐平均一顿饭要花 8~10 元，而在食堂则能控制在 5 元之内，这样一个月下来就能少花百余元，而且学校的饭菜卫生质量也更会有保证。

网上购物十大省钱窍门

如今科技发展、网络普及，越来越多的人喜欢网上购物。网络省钱这种方式是电子商务发展的产物，由于网购的日益普及，“网上价格低”这种观念已经深入人心。除此之外，网购还可以免去交通、天气等诸多因素的限制，因此受到不少网民的青睐。

财里财外

据有关资料显示，中国消费者网上购物的次数是欧洲消费者的 4 倍，是美国和英国消费者的 2 倍左右。2016 年，中国网上购物市场交易规模达 1.15 万亿元人民币，较 2015 年增长 23.6%。2016 年，我国社会消费品零售总额达到 8.2 万亿元，网络购物在社会消费品零售总额中的占比为 13.9%，较去年同期提高 1.5%。2016 年“双 11”，淘宝全天交易额超 1207 亿，无线交易额占比 81.87%，覆盖 235 个国家和地区。

生财有道

网络普及的今天，网上怎样购物最省钱，怎样才能买到正版物品呢？下面就介绍几招网上购物省钱的技巧。

第一，在网上买正版书。

卓越、当当都是买书的较好选择，每本书基本都有折扣，最关键的是如果你不是住在北京、上海等大城市，那么在实体书店买不到的书网上几乎都能买到，而且都是正版。网购全免邮费的优惠措施更是让人毫不犹豫地下订单。

第二，在商场抄货号回家上网买。

网上代购商场的货比在商场直接买东西平均价格便宜了30%左右，且网上购物送货上门，还省去了逛街时间、来回路费，方便快捷又省心。现在，这一招已经在白领当中越来越流行。

第三，化妆品网上购省到不可思议。

从高档的兰蔻系列到中档的欧珀莱系列，甚至最便宜的百雀羚，网上应有尽有。由于市面上的化妆品基本不打折，网购化妆品就成了省钱的上佳选择。不过相同的产品，价格可以从4折到9折不等，当然也有可能里面掺杂了大量的假货，而且很难辨别。可以说网购化妆品是最省的，却也是风险最大的，最好还是选择信誉高、消费者评价好以及价格稍高的店铺。

第四，用网购折扣券购物。

肯德基、麦当劳、哈根达斯，电影院、百货店、餐馆、美容健身等，网络上的优惠折扣券应有尽有。消费前先上网“抠券”已经成为了“网购族”们的血拼秘笈了。

第五，网上团购省运费。

如果买家在淘宝等“B2C”（商家对顾客）网站只想买一样东西，而且价格比较低的话，加上10元的运费，网购的优惠就荡然无存。但是和朋友、同事或家人一起买的话，不仅邮费便宜了，可能还会有意想不到的折扣。

第六，在网上交流闲置品。

有的女性喜欢买东西，买回来时觉得新鲜，但不久就不想用或不穿了，久置家中就被潮流所淘汰，还成了占地又多余的东西。可以把不需要的东西在网上出售或者交换，让资金流动起来，还能让自己不需要的东西得到利用，真是一举两得。

第七，网购异地特产。

很多异地特产离开当地就买不到，常常要托别人带，既麻烦又欠人情。现在网上一搜，各地的特产都应有尽有，而且有些价格还比市面便宜。

第八，海外代购买国外便宜货。

海外代购主要集中在以美元为主要交易货币的欧美区域，代购的商品主要交易集中在价格比较高昂的化妆品、保健品和服饰箱包三大类。

第九，网上买低价机票。

南航、携程、E 龙等都有近期最便宜的机票线路，有些是提前预订的，最低的折扣可以达到 2 折。

第十，网上购建材，DIY 装修既节省又温馨。

买家具时，可以在当地的实体店看过之后去网上买，可以省不少的钱。实体店没有的一些家具则可以通过别的买家的评价来判断质量好坏，而且现在的物流也很方便，直接送货到家，省时又省力。

此外，在网购时还有以下一些事项需要留心，否则钱没省下还平添了很多烦恼。

（1）选择正规网站购物。网购有两种付款方式：一种是货到付款，此种风险最低；另一种是通过付款中介，比如通过支付宝进行交易。对于一些不够正规的网站却不能做到如此约定，购物风险也就比较大。

（2）仔细阅读网站的购物指南。从如何填写订单、索要发票，怎样送货，有什么售后服务、退换货条件、优惠政策等各项内容都要仔细过目。

（3）做到货比三家。看到喜欢的商品不要立刻下订单，多比比、多看看。

（4）关注信用评价。顾客的评价留言无论是好的坏的都不要忽视，商品和商家的口碑从这些留言中可以体现出来。

（5）尽可能了解商品信息。为避免买到的实物与自己的理想差距较大，选择商品时一定要看实物拍摄的商品照片以及细节图，然后阅读商品说明，了解商品的详细信息。

（6）商场试穿，回家网购。上网买衣服和鞋子前，最好到商场里试穿后记下货号和尺码再回家上网订购。

（7）购买电器要开发票。网上一些小家电的价格也十分具有诱惑力，但卖家一般都不提供发票。为将来保修方便，可以多付点钱，要求开具发票。

（8）专卡专用。使用信用卡支付货款，最好不要一卡多用，卡内不宜存放太多现金；同时设信用卡交易限额，以防被盗刷。

（9）警惕价格过低的商品。网上价格比实体店低一些很正常，但假如价格低到不可思议了一定要小心，这很可能是圈套。

（10）保存电子交易单据。遇上恶意欺骗的卖家或其他受侵犯的事情可向网站客服投诉，此时商家以电子邮件方式发出的确认书、用户名和密码等电子交易单据就成了凭证。

理财小测试：你是传说中的“败家子”吗

你觉得你已经够省吃俭用了，但是，还是有人叫你“败家子”，没办法，大家的金钱观就是这么不同。很多人会莫名其妙地成为“月光族”，这就说明你的花钱方式可能出了一些小问题，那么赶紧用下面的测试来分析原因、找出办法，防止自己变成真的“败家子”。

今天晚上公司举办日式烧肉餐会，偏偏你的上司交代了一大堆工作要你处理，好不容易做完了上司交代的工作，你已经很饿了。此时，善解人意的同事挥手道：“快来这里，我们已经准备好吃的啰！”一看，烧肉架上正摆着刚烤熟的食物，你会：

A. 假惺惺地说：“没关系，你们先拿！”。

B. 太饿了，立刻将架上的食物一扫而空。

C. 将架上的食物取走八成。

D. 将架上的食物取走一半。

答案解析：

A：你是一个“起而行、不如坐而言”的人。对于理财，总是想到就嚷嚷，却不见你真的为理财做出积极的行动，这样的你，自以为败家指数不高，然而工作了几年，却总是存不了多少钱，原因就在于你太不注意钱的流向了。仔细记录，你将会发现有很多钱都是不该花的！

B：你是一个对钱很敏感的人，翻开记事本，除了每日行事历之外，应该还有一本记账手册吧！这样的你，或许很清楚钱的来源及流向，但是会不会觉得钱存得很慢呢？败家指数低的你，不妨学习如何理财，而不是守着钱不动就好，为你的老年生活想想吧！

C：你是一个令理财白痴羡慕的人，在购买漂亮衣物的同时，存折里的数字仍然不减，这是因为你很懂得控制金钱收支，并且对自己有一定的期许，这样的你，败家指数虽然不低，却因为懂得理财而让自己生活无忧。

D：你是一个懂得存钱、也舍得花钱的人。平常节省的你，很可能一次花掉大笔经费，令人不敢置信。这样的你，败家指数可说是视心情而定。提醒你，平日的你虽然对金钱小心翼翼，却要留意周遭人士，别因为一时贪财反被别人骗。

第二篇
二十几岁必知的各领域投资常识

第6章 二十几岁不可不知的基金投资常识

俗话说："态度决定一切。"做基金理财，先要摆正心态，没有只涨不跌的市场，基金理财也并非稳赚不赔。基金理财是一种长期理财工具，这只是一种理财方式，并非短期牟取暴利的手段。准备投资基金者要掌握一些基金投资常识以帮助自己获取最大回报。

认识并读懂基金

“利润与风险成正比”是所有的投资项目永恒不变的真理。炒股获利最多，但风险最大；储蓄的风险小，但获利也较少。但是如果把两者的优势结合在一起，就形成了基金的优势。

财里财外

徐先生算是个在股市身经百战的老手，他在股市上摸爬滚打了好几年。可是在这几年，他非但没有像许多人想象的那样在股市上大赚一笔，而且还损失了大半的本金。无奈之下，徐先生在2015年抛出了全部股票挥别股市。可就在他退出股市没多久，股市就迎来了难得一见的大牛市。这牛市的巨大利润让徐先生跃跃欲试，但是想到前几年的惨痛教训，他十分纠结。这时，有个朋友向徐先生推荐了两只基金，并向他详细介绍了投资基金与股票的区别以及投资基金的好处。徐先生在朋友的推荐和指导下，养了两只“基”，成了一个“基”民。

刚开始时，徐先生会每天关注基金的净值变化，就像过去炒股一样。但是看了一段时间，他发现基金并不像股市一样波动频繁，完全没有必要天天盯着看。于是，徐先生可以抽出时间干其他事，省了不少时间和精力。两个月后，徐先生再看这两只“基”，结果短短的两个月内，这两只基金都涨了20%以上。

这个结果让徐先生看到养“基”的好处。基金虽然不会像股票那样暴富，但是收益相对稳定，收益水平也不错。

徐先生的故事对许多初涉证券市场的朋友有一定的借鉴意义，它告诉投资者没有必要都扑向股市，在股票之外还有像基金这样的投资品种供我们选择。

生财有道

有人说，基金很像股票，有“准股票”之称。但是，两者之间也有很多不同之处，主要表现在以下几个方面：

1. 具有不同的权限

股票投资者对股票发行公司具有一定的直接管理权限。而基金投资者与基金的投资对象则没有直接关系，不能对其具体的经营活动进行干预。

2. 具有不同的逆反性

股票发行后，只能在证券交易市场上流通，不可逆反发行股票的公司；基金则正好相反，封闭型基金在发行之后一定的年限内可以返给基金管理公司，退回自己的本金；开放型基金则可以随时逆反。

3. 具有不同的获利水平

基金投资与股票投资一样，都可以根据投资对象的实际业绩获取分红，并使分红升值。但两者却具有不一样的获利水平和稳定性：股票投资获利来源于股票二级市场的价格波动水平，与股票发行公司的经营状况密切相关；投资基金与投资股票相比，投资者每年都可根据其投资的份额获取相对稳定的收益。然而，基金并不像股票那样能够获取暴利。

4. 具有不同的风险度

股票投资受其所投资的公司经营效益及市场状况影响，在所有投资形式中是风险最大的。与其相比，投资基金则可以通过平摊的方式最大限度地规避风险：投资股票主要是投资者直接与上市公司打交道，其盈亏直接关系到投资者的收益状况；投资基金则不同，是投资者委托基金管理公司向股票或其他方面投资，这样，就可以节约交易成本，提高投资收益。基金往往能够明确地告诉投资者这类基金将投向何处，赢利是多还是少，风险是大还是小。投资者想赢利多少、想担多大风险，完全可以凭借自己的欲望选择不同种类的基金。

通常，当基金规模较大时，往往可以通过分散投资来减少投资风险，也可以在一些政策和交易费用上得到许多优惠，降低交易成本；当基金规模较小时，能迅速从一个投资品种转向另一个投资品种，表现出极大的灵活性。

规模较小的基金往往有可能买到升值潜力较大的小型公司股份，从而获得较大的投资收益。

该怎么选择货币型基金

货币型基金是一种开放式基金，货币型基金主要投资于债券、央行票据、回购等安全性极高的短期金融品种，又被称为“准储蓄产品”，其主要特征是“本金无忧、活期便利、定期收益、每日记收益、按月分红利”。

财里财外

老王今年 40 岁，是典型的工薪阶层，每月工资 5000 元，一般月开销大概 1000 多元，每个月工资会有 3000 多元的节余，都是存起来。因为儿子 17 岁了，老王想为儿子存一部分钱作为他的大学教育资金，另外留一部分用作夫妻俩的养老金。按照老王的老习惯，每隔 3 个月，就把工资卡里的 9000 元转成定期。

老王的想法和大多数普通工薪收入者的想法一样，或多或少有银行存款。但随着社会的发展，理财逐渐成为了一种时尚，街头巷尾经常听到人们对股票、基金“品头论足”，时间久了不免也想在基金上进行投资。

但是老王考虑到自身的实际情况，希望能找到一种本金稳妥、收益稳定、同时资金流动性好、能迅速变现来满足日常支付需求的低风险、“保守型”理财工具。

最终，老王在咨询了理财经理之后，选择了货币型基金。

在基金中，最安全的要数货币型基金了，尽管收益率不是很高，但是非常安全，而且流动性比较高。因此，对于像老王这种投资偏保守的市民来说，闲置不用的短期资金存在银行，不如购买货币基金。

尤其是加息，并未调高活期存款的利率，一般货币型基金的收益会略高于一年期定期存款利率，而且没有利息税。另外，无论申购还是赎回也没有任何手续费，所以那些保守型投资者不妨考虑扩大货币基金的配置比例。

以老王为例，对银行活期存款和投资货币基金进行比较可以发现，9000元活期存款存3个月，只能享受0.576%的税后活期储蓄收益，1万元1天也就赚0.158元。如果老王每个月将3000元的节余用于购买货币基金，按照目前货币型基金的七日年化收益率1.5%~2.5%算，1万元1天的收益就有0.3~0.6元，是老王过去活期收益的2~4倍。

生财有道

虽然保守型的投资者知道了选择货币型基金进行投资，但是如何选择好的货币基金以及什么时候购买还是需要学习的，下面就给大家介绍几点选择货币型基金的建议。

1. 认购还是申购

投资者是在基金首发募集期内认购，还是在基金开放申购赎回后申购，建议选择购买已开放申购赎回一段时间后的货币型基金。因为，选择认购在流动性上不如申购。

2. 什么时间购买

按照现行银行划款系统和基金计息方式，投资者第T日在代销机构（银行和券商）申购货币型基金，T+1日确认并开始享受每日基金投资收益。需要强调的是，这里的T、T+1都指的是交易日。因此，投资者要坚决回避在法定节假日前一天申购货币型基金。

3. 分析货币型基金指标

不论是出于中短期投资目的，还是出于现金管理的需要，投资者选择货币型基金都可以重点考察以下几项指标。

（1）万份收益指标；

（2）七日年化收益率；

（3）规模大小适中；

（4）基金组合平均剩余期限和期限结构；

（5）持券结构，回购杠杆比例。

紧跟股市脚步——指数基金

指数基金就是以特定指数（如沪深300指数、标普500指数、纳斯达克100指数、日经225指数等）为标的指数，并以该指数的成份股为投资对象，通过购买该指数的全部或部分成份股构建投资组合，以追踪标的指数表现的基金产品。

财里财外

王小姐今年31岁，在一家外资企业任部门主管，月收入约10000元。王小姐在2004年买了一套房子自住，目前市值约120万元，尚余10万元贷款未还，此外还有12万元银行存款。

最近两年股市火爆，王小姐没有炒股，但是买了不少基金，目前市值约6万元。王小姐目前买的基金都是指数型的，今年股市前景未测，她担心指数型基金业绩不佳又风险较大，有意赎回再购买其他基金，不知是否有必要？如果要购买其他基金，买哪种基金比较合适？

根据王小姐的自身收入条件以及目前的生活现状，应当把每月部分节余的钱以定期定投的方式购买指数基金，如沪深300或中证100指数基金。

生财有道

指数基金以拟合目标指数，跟踪目标指数变化为原则，属于“被动型”基金，在以下方面大大优于“主动型”基金：指数基金费率通常较低，税收成本更小，而且不用担心基金经理突然改变投资组合。

而且，一般情况下，大多数主动型基金的业绩表现不如指数型基金。国外的实践已经证明了这一点，这两年国内的市场状况也在一定程度上验证了这一点。

因此，指数基金应当成为王小姐投资组合里的核心部分，每月的定投还要继续购买指数型基金，短期的波动是一种必然，可以通过更长的时间来化解。

那么到底该如何选择指数基金呢？这里提供以下几点建议供大家参考。

1. 选跟踪指数表现优越的基金

所谓投资指数基金就是投资指数，因此选择一个合适的指数很关键。一般而言，指数型基金分为市值加权法、加权平均法、基本面指数投资法三种投资策略。

由于每种指数投资策略都有各自的核心，所以投资者可以根据市场环境选择指数基金。比如，当基本面投资策略以价值为导向，价值型股票成为市场青睐的对象时，这种策略就会奏效。而此时，市值加权指数投资策略就会显得逊色。然而，在牛市中，市值加权投资策略往往能战胜基本面投资策略。同样的，当中盘股和小盘股受到青睐时，平均加权策略就更加奏效。因此，投资者无论选择哪种指数基金，最主要的还是看所选指数是否适合自己的理财目标。从长期来看，传统的市值加权策略对于大多数投资者来说已经足够。

2. 选跟踪误差小的基金

评价指数基金及其基金经理，不能过分看重短期业绩，而应将跟踪误差当作重要指标。只有既能较好地控制跟踪误差范围又能取得超越标的指数业绩的，才当属优秀的基金经理。

3. 考虑费率差异对投资效率的影响

由于指数基金费率存在一定差异，因此在跟踪误差相近的情况下，指数基金管理费率的差别会对长期投资效率有显著影响。

总体上看，ETF 和指数 LOF 的费率水平较低。投资者在选择指数基金前，需要事先阅读基金合同及招募说明书来了解产品特性和费率水平。

基金投资“七宗罪”

优秀的渔民总是会选择一个好的天气去下海捕鱼，并会根据海水的流向和温度以及预计的未来数天天气情况决定捕鱼地点和捕鱼时间的长短。同样，投资者在每次投资的时候也应该全面注意基金市场的动向，对买进的基金要时刻关注和长期对其进行分析。

财里财外

宏皓大学毕业后，担任过期市、股市两栖大资金首席操盘者，是当今中国较为著名的投资专家。

在宏皓多年的投资生涯中，1992—1994 年这段黑暗的投资经历让他终生难忘。那时，由于国民经济增长过快，许多人开始盲目地把钱投入基金中去赚钱，那时候的宏皓还只是个初出茅庐的年轻人，他内心里也很渴望能够赚到钱，更想在茫茫的基金市场中找到属于自己的那份荣耀和归宿。于是他满怀信心地开始了自己的基金生涯。

起初，由于本金不充裕，宏皓对自己投资的每一份基金都会认真关注。这样，细心谨慎的投资方式为他带来了不少的收益，同时，他的信心也随着充实的腰包而不断增强。逐渐地，他的投资开始盲目起来。然而，当时的他并没有意识到，自己开始忽略基金市场本身的风险。

一次在和朋友吃饭的时候，宏皓了解到有一份基金在短时间内持续上升，很多人都看好这份基金，于是他也立刻买进了这份基金。可是没过多久，这份基金便下跌了 2.6%，而此时的宏皓仍然没能从暴利中醒悟过来，抱着鱼死网破的心态死守这份基金，结果这只基金一下降了 3.7%。直到这时宏皓才恍然大悟，掉进了“雾里看数字”的陷阱里。

只要是投资必然存在风险，只有将风险降到最低才可能获利。因而投资者要明白，暴利的背后总是会有巨大的风险，只有思维清晰的投资家才能在风险重重的基金市场中获得生存。

这一次的教训无疑给宏皓留下了深刻的印象。从此，他每次投资都会万分小心，无论是多么巨大的利益都不能动摇他的投资理念。

生财有道

随着基金品种越来越多，如何选择适合自己的基金的确是一门学问。在作决策之前，投资人应该留意，避免以下七种错误，我们称之为基金投资的“七宗罪”。

1. 漫无目的

每个人投资都有不同的目的，必须与自身的期望回报和投资的时段联系起来考虑。例如，服从于个人退休计划和投资于子女教育的基金组合就有很大的区别。

当设定长线投资目标时，要选择一个合适的指数，比如上证A股指数、上证国债指数等。在考虑市场风险的基础上，可将其作为你投资的业绩基准。

2. 费用过多

购买基金时，要考虑相应的费用，包括认购费、赎回费、转换费、管理费等。基金费用直接影响基金的回报率。经考察，在美国市场的同类基金中，费用率比较低的基金往往有较好的长期回报。

3. 经常买卖

不可否认，根据市场时机的变化进行波段操作也是一种投资策略。但要做到每次都如鱼得水地高卖低买是很困难的，除非你是索罗斯那样的投资高手。所以，要卖出基金或在同一系列基金中进行转换，一定要有足够充分的理由，例如你的投资目标发生了变化。

4. 过于分散

基金投资要注重长线回报，投资组合应大致分为核心和非核心两部分。核心部分的投资组合以稳健为主，约占整体组合的60%~70%。余下部分可作增长型的投资，如个别股票或高增长的专类基金。

5. 雾里看数字

选择基金时，不要仅仅停留在各种数字的表面。挑选基金不是追逐漂亮的高净值增长率等数据那么简单，还需要了解基金经理的动向、基金的投资风险是否增加、投资风格有没有改变等问题。

此外，衡量风险时，不要单纯考察基金自身的波幅，而应将其与同类基金的波幅进行比较。因为不同类型的基金承受不同的风险，例如，专门投向蓝筹股的基金与集中投资小盘成长股的基金，其风险就有很大差别。

6. 对分散投资的误解

“不要把鸡蛋放在同一个篮子里”，这句话同样适用于基金投资。因此，在构造基金投资组合时，要注意这些基金的投资方向是否分散于不同行业类型的股票。倘若所投资的多只基金仅集中投资在同一类行业的股票上，则并不能真正地分散投资、降低风险。

7. 买了之后不闻不问

购买基金后，不要搁置一边不闻不问，而要定期观察你的基金投资组合，对自己的投资负责任。因为基金投资策略、个人投资目标以及承担风险能力的改变，都可能需要你重新调整投资组合。投资基金的终极目的是实现个人的理财目标。

基金投资的常见方法

股市的上扬，带动了人们的心情，也点燃了人们购买基金的热情，基金投资逐渐为广大个人投资者所接受，业内人士认为，投资者应更好地把握好基金投资的方法。

财里财外

李女士在一家企业任秘书，年薪 7 万元，基龄不到 1 年，在 2015 年 2 月开始购买基金，打算每月花 2000 元购买某基金。由于基金净值每个月都起起伏伏，李女士在净值 1.2 元时只买入了 1666 份；在净值为 0.6 元时买入份额最多，达到了3333份。到7月份李女士累计投入1.2万元，并累计购得1.4万份基金份额。

到了8月份，此基金的净值又再次回到了1元，假如李女士是在1月一次性投入1.2万元以1.2元净值买入基金，那么时至8月，在经历了净值上上下下之后，最终不仅没有任何收益，反而损失了不少。

从案例不难发现，李女士所采用的正是基金投资中常用的平均成本法（即定期定投法）。

计算李女士6个月的投资成本可得：1.2万元 ÷1.4万份=0.857元/份，成本较少，自然在基金净值依旧为1元时可以获得额外的盈利。诚然，以这个价格买入的份数比0.6元/份时买入的份数少了不少。但是，基金是一个适合长期投资的项目，从长远的投资来看，依然实现了以较低成本购买相对来说较多份额的目的。

当然，实现较少单位成本关键还在于要长期投资，以赢补亏，这就是长线投资的优势所在。

生财有道

投资基金掌握投资策略和技巧很重要。常见的投资方法有平均成本法（即定期定投法）、固定比例法、分散投资法、利息滚入本金再投资法和货币型基金与成长型基金互换法等。

1. 平均成本投资法（即定期定投法）

其要点是每隔一段固定的时间，通常为一个月或一个季度，以固定的金额，购买一定数量的基金单位。用该方法投资，从长期购买基金的经验来看，比一次花大笔资金买到的基金单位多，分散了高成本认购投资基金的风险。

采用该种投资方法，有两个条件：一要固定的、相当数量的投入资金；二要持之以恒。没有恒心，三天打鱼、两天晒网，不按固定时间投入定额资金，这个优点显示不出来。

采用平均成本投资法最大优点是能抓住赚钱机会，虽然不能达到最优，但可以以较低的成本买进较多的基金份数。

2. 固定比例投资法

将资金按固定比例分别投资于成长型基金、收入型基金等不同种类的基金。当某类基金的价位上升、投资比例发生变化时就迅速卖出，买入另一类基金，使各种不同类投资基金保持固定的比例。

3. 分散投资法

将资金分散投资于不同类型的基金。成长型基金，风险大，但收益高；收益型基金，风险小，但收益稳定。

根据“资产组合理论”，分散投资可分散风险。从我国基金市场的情况来看，分散投资有三种方式：一是按市场分散，分别投资于上海、深圳证券交易所上市的投资基金；二是按价位分散，分别投资于高、中、低价位的基金；三是按盘子分散，分别投资于大、中、小三种盘子的投资基金。

综上所述，分散投资既可以分散风险，也可以分散收益。

4. 利息滚入本金再投资法

目前，国内的基金一般将利息、现金股息发放给投资者，但在国外，投资者可以将利息、股息滚入本金，换取额外的股份让资产不断地成长。而且这种额外股份的取得，不需要交佣金，因而深受投资者的欢迎。如某投资者以 1 万元本金投入某投资基金，该基金年成长率为 12%（这是一个比较适中的成长率），若该投资者在 20 年内本利都不动，20 年后可得 9.646 万元；若 35 年本利都不动，1 万元投资在 35 后成为 52.8 万元，复合成长的好处可见一斑。

5. 货币型基金与成长型基金互换法

股票价格与市场利率是成反比的，当市场利率上升时，股价下跌；市场利率下降时，股价上升。这样，就可以在货币型基金与成长型基金之间相互转换。当利率上升时，卖掉成长型基金，买入货币型基金；当利率下降时，卖掉货币型基金而买入成长型基金。

目前，在我国采取该方法可以在国债基金和股票基金之间互换，当利率上升时买入国债基金，当利率下降时将国债基金换成股票基金。

基金投资的常见误区

基金是一种看起来很简单，但实际上并不简单的投资方式。说它简单是因为钱投进去，不用操作就可以赚钱了；说它不简单是因为就算操作，也有很多人赚不到钱。基金这种大众理财方式在国内深受大家喜爱，个人投资者在投资基金的过程中难免存在误区。

财里财外

许多投资者往往只敢在股市上涨时购买基金，遇到市场下跌就会犹豫不决。但其实历史已经多次证明，很多时候市场下跌才是最好的购买基金的时机，在市场处于低位的时候买入，亏损的风险反而更小，长期来看获得的收益也会更多。同时投资者还可以利用基金特有的定投功能，在低位时一点点买入，等到牛市来临的时候，收益会远远超过那些追涨的基金投资者。

生财有道

以下是个人投资者投资基金时经常出现的几个误区，希望引起关注。

1. 过度分散投资

国内投资市场的发展使各种投资理念也逐渐深入人心，比如“鸡蛋不能放在一个篮子里”已经为广大投资者所熟知，许多投资者在基金投资上也照搬这一投资理念。许多基金投资者在购买基金时基本不会只买一只基金，出于分散风险的考虑，他们会多买几只，但有时候他们也把分散投资的理念运用得过于充分，基金投资过度分散化的现象也很严重。目前，在基金市场上一个投资者持有七八只、十几只品种的现象很常见，有人甚至持有更多数量的基金品种，还有很多投资者都不知道自己到底买了多少只基金。这样做一方面产生了更多的交易费用，无形中增加了投资成本；另一方面管理起来也十分麻烦，需要耗费更多精力和时间。更重要的是，这样过度分散不会给你的投资带来实质性的好处，因为分散投资主要是为了分散风险，风险在投资品种达到一定数量时就分散得差不多了，再增加品种数量没有多大意义。

2. 将新基金当成新股认购

新股申购也就是我们俗称的“打新股”，能够给投资者带来很高的收益。如果能够申购到新股的话，在其上市首日一般涨幅都在 50%以上，有的甚至高达 100% ~200%。例如，2009 年 A 股市场恢复 IPO 的第一只上市新股在上市首日的涨幅达到 83%，四川成渝上市首日的收盘价涨幅超过 190%，盘中最高涨幅超过 300%，收益十分惊人。也许是受新股超高溢价影响，很多投资者在新的基金发售时，把新基金当成新股来认购，这样就不去区分基金的具体情况，认定了购买就肯定能赚钱，这种认识存在着严重的误区。打新股之所以有这么高的收益是由股票发行制度所致，股票价格在一级市场和二级市场上存在着很大的差距，投资者“打新股”的收益就是这个差价，但是基金却不存在这个差价。新基金发行后需要根据自己的资产配置安排去购买各种证券，这些证券包括股票也包括债券，当然也可能去参与新股申购，但这毕竟只是基金投资中很小的一部分。新基金在短期内既可能给投资者带来较好的收益，也可能跌破面值，投资者要做好承担投资风险的准备，买新基金不是包赚不赔的。

3. 频繁地申购和赎回

目前，有些投资者在做基金投资时沿用股票投资的思路，做“短线交易”，对基金的申购和赎回操作过于频繁。有的投资者交易频繁是因为看到基金净值好不容易涨了上去，认为已经回到前期的高点，接下来就要回调，于是迫不及待地将其赎回。还有的投资者是根据股指的涨跌来进行基金的波段操作，股指上涨的时候就去申购基金，股指下跌时就立即去赎回。无论是基于哪一种原因，这种对基金进行波段操作的策略都是不可取的。

如何选择基金分红方式

基金分红是基金将收益的一部分以现金方式派发给基金投资人，这部分收益原来就是基金单位净值的一部分。人们平常所说的基金主要是指证券投资基金。很多基金投资者拿到大把的现金红利喜不自禁，不过，基金分红方式有两种，即“现金红利”和“红利再投”，分红方式不同会大大影响投资的实际收益。

财里财外

张铭是一家高新企业的主管，他买开放式基金纯属偶然。当时一位在银行工作的好友有基金营销任务，所以当朋友找上门求助时，他毫不犹豫地买了 5 万单位的成长基金。此后，他整天忙于工作，便将基金账户卡束之高阁不去管它了。有段时间，他想买车，才想起自己还买了开放式基金。好长时间不看了，不知道这只基金现在怎么样了。结果到银行一问，1 元买的基金已经涨到 1.6 元了，而且还分了 5000 多元的现金红利，这样算下来，收益已经超过 70%了，长这么大，头一次遇到了这么高的投资收益，简直和天上掉钱一样。从此，他一下子迷上了开放式基金，整天在网上看基金常识和基金净值。

另外，自己当初买基金时，由于不太清楚具体细节，就稀里糊涂选择了现金红利的分红方式，其实分红有两种方式。如果他当初选择红利再投的话，这 5000 多元的红利就变成了基金份额，随着基金净值的增长，他的实际投资收益会更高，而且红利再投资是不要申购费的。但由于选择分红方式不当，5000 多元白白放了很长时间，错过了再投资的时机，现在想再买成基金，还要支付 1.5%的申购费。

随着第二年股市的增长，开放式基金全线飘红，事实上张铭的 70%的收益并不是最高的，有很多基金一年实现了100%的收益。

目前，对基金分红方式不了解或者不会选择分红方式的投资者大有人在，其实，根据自己情况选择适合的分红方式可以为你的基金投资锦上添花。

生财有道

选择分红方式不能一概而论，根据不同的投资目的和不同的实际情况选择适合自己的分红方式才是最正确的。

1. 现金红利

（1）适合希望用红利来补贴家用的投资者。很多退休者或生活来源受限制的投资者，希望经常有投资收益来补贴家用，这时自然是选择现金红利最为合适。

（2）在基金净值进入下降通道时，如果预计基金净值今后还将继续下跌，这时选择现金红利可以真正起到落袋为安的作用，如果红利积攒到一定程度，并且基金净值经过下跌已经有企稳迹象，这时可以再用积攒的现金红利一次性低价申购。对于开放式基金，这样实际收益会比选择红利再投资高出不少。

2. 红利再投

（1）有长期投资基金的打算，红利对自己来说暂时没有用处，这时可以选择红利再投资，以避免因遗忘造成分红资金长时间闲置的情况。比如本例中的张铭。

（2）对基金前景非常看好，预计上升空间较大，这时应尽量选择红利再投资方式，以实现“利滚利”的投资目标以及节省再投资的认购费用。

另外，基金分红方式并不是一成不变的，投资者可以根据个人的具体情况以及基金行情的变化，通过网上银行、网上直销系统以及到银行柜台随时修改自己的分红方式。

基金定投：最适合年轻人的投资策略

基金定投，即定期定额投资基金，是指在固定的时间以固定的金额投资到指定的开放式基金中，类似于银行的零存整取方式。基金定投的优势是可以平均成本、分散风险，比较适合进行长期投资。

财里财外

冯曦是本科毕业，现在已经工作一年，每月工资也就4000多，不算很好。冯曦的理财概念很好，毕业开始工作后她就决定理财。

综合分析之后，冯曦决定选择投资基金。她每月拿出500元的金额定期定额投资基金。也许很多人觉得这么少的金额，值得投资吗？

但是冯曦认为十分值得。首先，投资会让你的钱越变越多；其次，可以培养健康的生活习惯，特别是消费习惯；关键一点是能培养你的理财能力，为以后投资理财积累经验。

冯曦选择的基金定投具有强制性储蓄、投资周期跨度长、平均成本、降低风险的特点，可以作为养老、子女教育、储蓄等替代投资方式。

生财有道

以下是给广大“基”民或准备做“基”民的朋友们准备的基金投资常识和策略：

（1）通常银行的定投基金金额最少100元起，也有200元起的，具体可点击各大银行网站了解。如果是单只基金定投金额不要超过1000元，因为正常情况下，定投申购费率是按1.5%计算的；超过1000元，最好每月通过网上银行进行申购，因为一般的银行通过网银申购可以打折，例如在某个银行的网银申购费率为4折的话，那每1000元就能省手续费9元！长年累月下来，也能省下不少银子。

（2）每月买定投的时间要选好，尽量不要选择 1 到 8 号。因为会碰到每年元旦、春节、五一、十一假期，基金业务暂停，假期过后第一天才定投扣款，但基本上这天股市都是上涨的，基金净值较高，不划算！若打算定投 2~3 只基金，建议不要设在同一天，按每月天数平均分开就行。

（3）基金品种的选择，在现时波动较大的市场中，个人建议选择指数型基金和发行至少两年的绩优老基金。

（4）定投期限至少 3 年以上，短期是看不出明显效果的。

（5）在银行的选择上，各大银行都开设有基金定投业务，但基金品种不同。最好选择基金品种较多的银行。另外，最初在银行柜台办理时，可问银行是否能开通网上银行定投业务，这样就可以直接在家中操作，节约时间成本。

操盘手建议，确立定投方式后，必须严格按照开始设定的金额坚持定投，切忌定投不定。定投要求严格遵守投资纪律，以简单的投资方式、长期的投资心态去应对，而避免人为因素对其产生影响。

另外，要选实力强、治理结构好、管理规范的基金公司。同时，从分散风险考虑，不要定投在单一基金上。

此外，定期定额投资基金时确定赎回的时点很重要。如果正好碰上市场重挫、基金净值大跌，那么之前耐心累积份额数的收益将大打折扣。所以定期定额投资应注意赎回时机。

还有，最重要的是如果选择了基金定投方式来进行投资理财，就应当越早开始越好，定投一般需要两年以上才能看出成效，定投时间越长，越能够充分体现基金定投的优势，所以说做定投“长期坚持”很重要。

理财小测试：你如何处理借债问题

一个和你过从甚密的朋友在早先跟你借下一笔钱。到了许诺还钱的时候却没有还，前不久他又来找你借钱了，说过后连以前的债一起还清，你会怎么办？

A. 催讨前债，跟他翻脸

B. 要求对方清前债，否则免谈

C. 先借给他吧，人家也有难处

D. 要求对方打借条，限期还钱

答案解析：

A：钱是让人成为敌对状态的最佳武器。如果你为了这笔钱而和对方翻脸，你是一个很容易因钱而与人为敌的人。钱对你而言比友情更来得实际和重要。当初你就把朋友定位在利益互相支援的前提下，一旦朋友之间不但没办法互相支援，反而拖累你时你就会翻脸。

从这种金钱观和交友观来看，你最好不要和朋友有金钱方面的往来。否则很容易失去很多朋友，增加很多敌人。

B：你是一个比较讲求理性的人。在你的观念中，借钱是建立在一种人与人之间的信用上。一旦一笔债务清偿后，才表示一个人信用良好，然后才有下一次借贷。不过，你这种原则虽然合理，却会使你看起来得理不饶人。你绝对地要求对方要按照你的意思来做，所以得罪了身边很多的朋友。

因此，你总是以理逼人、不讲人情，就算错在对方，可你的态度和语气，会让人觉得自尊受损而跟你势不两立。

C：相信只要对方是真的有苦处，而对方又擅长诉苦，且声泪俱下，你是不会拒绝对方的。因此，你的防范意识不是很强。虽然这样比较不易得罪人，但你却必须付出比别人更多的资源和利益。

表面上没有敌人阻挠你的人生，但每次你都把损失算在自己头上，认为自己命该如此。长此以往，会造成你自信心缺乏，封闭自我。最后将影响自己的事业人生。你的敌人给你的伤害是无形的，所以千万不要以为没有人恨你，就是大好人。

D：你是一个希望情理分明的人。在你的观念里，朋友虽然有通财之义，但绝不能因钱而伤感情。为了自己的权益，也为了自己的人际关系，你将会有进一步诉讼催讨动作。你的权益有进一步保障，也适当地减低了对方的敌对意识。

但此法做起来难。很多人认为朋友间借钱不必这么麻烦。但到最后不是你自认倒霉就是跟对方撕破脸。你最好灌输对方一种观念，即使是亲兄弟也要明算账。

第7章

二十几岁不可不知的股票投资常识

股票市场既是某些人的财富乐园，也是某些人的人生地狱。把握准了，能一夜暴富；眼光出了差错，就会一贫如洗。股神巴菲特说：“风险来自你不知道自己正在做什么！”股票如此神奇，是因为它有太多的奥妙。

哪些人不适合闯荡股市

心态对股市操作很重要，股票投资也是“挑人”的。有些人自己没主见，看别人怎么干就怎么干；有些人是天性使然，到了关键时刻就顶不住；还有些人总喜欢赌一把，像毒瘾发作一般，不受控制。对于不适合股票投资的人，最好的办法就是退出。

财里财外

徐某年近半百，是某市一家药材公司的普通职工。1992 年，我国证券交易市场还刚刚起步，许多单位和个人在这片领域里淘得第一桶金。徐某的确也在这里面淘得了第一桶金，凭着丰富的投资经验，不管股市如何涨跌，他总是能及时嗅出大盘行情，事先作出调整，让自己的投资稳定增长。2001 年 10 月，形势急转，而他仍认为能像以前那样安然度过低谷，接受委托资金超过 100 万元。2005 年 6 月，沪指跌破 1000 点大关，一夜间回到了 13 年前，徐某和朋友委托给他炒股的财产，在这次大跌中损失殆尽。

生财有道

股市风险很大，“股市有风险，入市需谨慎”。这句话希望每个二十几岁的投资者必须牢记在心。

当然，如果你享受股市投资，为了使自己的处境更好一点，你必须作出改变。这里给出几种不适合参与股市交易的人。

1. 耳朵控制大脑型

这种人往往没有什么主见，听别人说什么就信什么，完全不经大脑思考，就立即操作。这样的人完全不适合在复杂多变的股市中生存。

2. 疯狂购物型

这种人最大的特点就是有强大的“包容心”，可能只有几万元的资金，竟然有十几甚至几十只股票，什么股票都想尝试，就像疯狂购物一样。这种人也不适合参与股市交易。

3. 不受控制型

每次明明知道会出现不好的结果，就是控制不住自己。一到作决定的关键时刻，大脑永远在路上，关键时刻掉链子。这种人在股市上也不会有一席之地。

4. 永远认错型

这种人的特点是一直在认错，却永不改正。同样的毛病，可以一直犯下去，总是在承受同样的痛苦。死不改错的人同样不适合股市交易。

5. 祥林嫂型

遇到不顺就哀声叹气，甚至变成享受这种悲剧的感觉，令人哭笑不得。参与股市不是受罪来的，何必要在此遭罪，不如在另一方净土寻找快乐。

6. 赌徒型

这种人总是存在一夜暴富的侥幸心理。抱有这种心理参与股市交易，显然是不合适的。

7. 股评型

股市中喜欢吹嘘的大有人在。明明亏得一塌糊涂，却总是在别人面前分享自己的投资经验，甚至罔顾事实，吹嘘自己赚了。对于这种认不清事实的人来说，股市不是用来操作的，而是用来侃、用来吹的。

8. 入戏太深型

这种人把自己当成股市波动的主角，每一个细微的波动，都会让他情绪失控。上涨失控，下跌失控，盘整也失控。

9. 偏执狂型

这种人就爱认死理，固执地坚持己见，没有人能说服他。这种人更适合搞理论或研究工作，但在瞬息万变的股市中，偏执狂是没有活路的。

10. 赵括型

这种人喜欢纸上谈兵，股市操作不同于纯粹的理论研究，股市就是股市，往往实战经验比理论更重要。股市如同战场，赵括之流的人同样是没有活路的。

以上 10 种人是不适合在股市中生存的。当然，并不是有这种表现的人就一定要永远离开股市，关键是先要调整过来，逐渐淡化这种缺点，到最后改正。真正能长期引领股市的人，一定不会是一个心理有顽疾的人。

认清股市，更要看清自己，知道自己弱点在哪里，并努力克服这些弱点。每天收盘后用 10 来分钟的时间，把自己当天的操作以及看盘时的心理过程复一次盘，这是十分必要的。

股票投资要学会适时地停损

曾经有一个人问一位著名的医生：“学医最重要的是学什么？”这位医生说：“学习怎样不把人医死。”这个回答很特别。仔细想想也是很有道理的，只要不把人医死，就有机会把人医好。股票投资也是如此，最先要学的不是怎样赚钱，而是怎样不亏钱。

财里财外

受父母的影响，小刘上初中就对股票有所了解，而且逐渐迷恋上了那一根根红绿相间的 K 线图。当时父母炒股，放暑假的时候小刘就经常跟着他们去证券营业大厅。学习之余，小刘把父母的股票书当作闲书来读。就这样，天生对数字敏感的小刘逐渐走进了股票世界。

初入市场，小刘满心欢喜，怀揣 10 万元操作，没想到迎来的却是一盆冷水。尽管小刘之前已经看了不少书，可真正拿钱进去，那种感觉还是不一样。开始小刘和其他股民一样，挣一点儿就跑了，可赔了总想着再等等，结果越套越深。更让小刘郁闷的是，就在他入市半年多后，互联网概念破灭，大盘一路下挫，步入熊市。一年时间赔了 5 万，当时小刘的心理压力特别大，经常睡不着。

幸运的是，小刘在证券营业部偶然认识的一位老师为他今后的操作指明了方向。那位老师教给小刘的只有两个字，就是“止损”。炒股票谁也不可能每次都对，关键要把损失降低，把盈利扩大。受到启发的小刘开始严格按照止损操作，并且逐渐形成自己的操作风格——超短线操作，积少成多，拿一只股票最长不超过3天。就这样，不到30岁的小刘已经步入百万富翁的行列，且这些财富都是炒股所得。

生财有道

投资股票要做到不亏钱，首先要学会止损。成功的投资者都有一个有用且简单的交易法则——“鳄鱼原则”。该法则源于鳄鱼的吞噬方式：猎物越试图挣扎，鳄鱼的收获越多。假如一只鳄鱼咬住你的脚，如果你用手臂试图挣脱脚，则它的嘴巴便会同时咬你的脚与手臂。你越挣扎，便陷得越深。所以，万一鳄鱼咬住你的脚，务必记住：你唯一的生存机会便是牺牲一只脚。

若以股票市场的语言解释此原则就是：当你知道自己犯错误时，立即止损！不再找任何借口、理由或有所期待，赶紧离场！

新手如何选择股票

截至2016年，A股上市公司多达2600多个，想买哪一只股票成了令人头痛的问题。其实，炒股也并非只有炒股大师才玩得转，只要掌握一些关于炒股的规则和标准，在股市中赚钱还是不难的。

财里财外

1929年，英国财政大臣丘吉尔刚刚卸下职位就和几位朋友来到美国。巴鲁克是一名善于把握先机的股票交易商，是丘吉尔的好朋友，巴鲁克热情款待了他们。

巴鲁克带着丘吉尔参观了纽约股票交易所。丘吉尔深受感染，有好斗之心的丘吉尔决定一试身手。

丘吉尔觉得炒股并不是一件什么大不了的事，但是第一笔交易很快就被套牢了，丘吉尔面色难堪，他决定再试一试。他接着瞄准了一只看起来很有希望的英国股票，心想这一家的老底自己比谁都清楚，肯定能大获全胜。但是，事与愿违，股票一路下跌，又被套牢了，仅一天之内，他几乎损失 10 万美元。

“隔行如隔山”。这件事说明，一个领域的成功并不意味着处处都行。

生财有道

面对众多的股票，怎么才能选到有价值的股票呢？根据我国的实际情况，炒股应把握以下几条准则。

1. 选择业绩优良的股票

无论何种市场，业绩优良是股票上涨的根本因素。因此，选股时应尽量选择每股税后利润 0.4 元以上、市盈率在 30 倍以下具有成长性的股票。

2. 选择成长性好，业绩递增或从谷底中回升的股票

具体可以考虑那些主营业务突出、业绩增长率在 30%以上或有望超过 30%的股票，对于明显的高速成长股，其市盈率可以适当放宽。

3. 选择行业独特或国家重点扶持的股票

这些股票往往市场占有率较高，在国民经济中起到举足轻重的作用，其市场表现也往往与众不同。

4. 选择公司规模适中、每股公积金较高、具有扩盘能力的股票

在一个行业中，当公司规模过大时，成长速度便会放慢，虽然业绩稳定，但也容易形成尾大不掉的局面。而公司规模过小，为了达到规模效益，虽然有股本大幅扩张的可能性，但因为抗风险能力较弱，也不适合作为投资对象。

因此那些股本适中、业绩相对较好、发行溢价较高，从而每股公积金较高的股票应是投资者首选的股票。

5. 价位与其内在价值相比或通过横向比较，有潜在的升值空间的股票

在实际交易中，应当尽量选择那些超跌的股票，因为许多绩优成长股往往也是从超跌后大幅度上扬的。

6. 适当结合股票的技术走势

选择那些接近底部（包括阶段性底部）或刚起动的股票，尽量避免那些超跌的正在构筑头部（包括阶段性头部）的股票。

股票投资要有耐心，不能操之过急

炒股要有耐心，不能太着急。事实告诉我们，在股市中你越着急可能亏的钱就越多，你越沉稳就越可能赚钱。这样说并不是建议大家在面对股市变化时要一味地沉稳，没有任何的变化，而是想告诉投资者：在面对股市的剧烈变化时要沉得住气，要静下心来好好思考自己该怎么办，不要自乱方寸。

财里财外

魏先生是某私企的一名普通员工，他是一名资深的老股民，属于坚决的“死守派”。他半年前买了几只自己觉得会不断上升的股票，打算死守这几只股票，不达到自己的预期目标就坚决不卖。

结果他所买的几只股票就像他当初所预料的那样开始缓慢上升，很快就向上升了50%。这时候身边的朋友都赶紧把手里的这几只股票卖掉了，他们也劝魏先生把手里的这几只股票给卖出去，可是魏先生并没有听他们的话，因为他觉得这几只股票肯定还会升，坚决不卖。

事情的发展真像魏先生所预料的那样，他买的这几只股票仍然不断地向上升，很快就升到了100%。虽然这个幅度已经达到了魏先生的预期目标，可是他还是没有卖，他想再等等。

可是没想到，老天和魏先生开了个玩笑，他买的那几只股票开始下跌了，不停地往下跌。开始的时候魏先生还能沉得住气，他认为这只是一轮回调，股价还会升上去。可是股价却没有升上去，还是不断地下跌，在这几只股票下跌幅度达到50%的时候，魏先生受不了了，他赶紧把手里的几只股票都卖了出去，结果就在他刚卖出去没多久，股价又开始不断地上升，最后一只上升了300%。

这下子魏先生后悔死了，他后悔自己当初怎么不再坚持一下，为什么要那么快把股票卖了呢?

生财有道

相信很多股民都有这样的经历：总是在持有着好股票的时候，一着急就给卖了出去，卖了之后股票还是不停地上涨，于是自己就非常后悔，本来再坚持一下就能把更多的钱拿入手中。

其实坚决持有一只不断上涨的股票要比坚持持有一只不断下跌的股票要困难得多。过早地卖掉手里的好股票是股民心中永远的痛，因为大多数炒股的人在利益面前都没有什么抗拒力，大家都觉得把钱抓在手里比较安全，还有很多原本深思熟虑和意志坚定的投资者，因为对未来的市场走势缺乏了解，或是受到了某些股市评论家“涨幅过高，及早套现获利”的影响而怀疑自己最初的决定，从而作出错误的决定。

事实上，很多证券公司和股票经纪人或是所谓的“专家”也会劝投资者将有长期上涨前景的股票脱手，而去买卖其他股票，这样一来他们就可以实现各自不同的目的。

所以在投资股票时一定要有耐心，还要相信自己的判断。面对股市的变化，要有一个良好的心态，要理性地对待股市的潮起潮落，如果你坚信自己手里的股票会上涨，那就坚持自己的选择。因为所有的潮起潮落在大趋势面前根本就微不足道。

跟好庄家站好队

很多人都会问，什么才算好股票，如何买到好股票，又如何不被庄家忽悠。其实，炒股有很多技巧，并不是低买高卖，还要跟好庄家站好队。如果不跟好庄家，那么股票投资会亏得很惨。

财里财外

蒋华康是西安市一家私企的市场部经理，平时没有别的嗜好，就是以炒股自娱。人家炒股大都是亏得多、赚得少，他却是赚得多、亏得少。大家都觉得蒋华康之所以能经常赚钱，主要还是有内幕消息。其实，作为平常老百姓的他哪有什么内幕消息呢？再说他也从来都不相信那些所谓的内部消息，他能在股市赚到钱，主要还是因为跟好庄家站好队。长时间以来，他都紧跟着庄家的脚步进行操作，除了两三次特殊的情况外，他都赚到了钱。

生活中和蒋华康有一样想法的股民还有很多，大家都知道炒股要跟好庄家站好队，这样才能在股市中赚到钱。可是问题在于庄家的脸上也没有写着“我是庄家”这几个字。因此最让我们头疼的是谁是庄家，如何识别庄家是在洗盘还是出货，识别了之后又怎样才能跟好庄家赚到钱。

生财有道

通常情况下，我们只要能够把握好以下三点，就能从庄家的操作手法中认出庄家、跟好庄家，在“与庄共舞”中赚到钱。

1. 仔细观察成交量

庄家：在洗盘时会刻意打压股价，这时候股价会快速走低，但是过不了多久就会在下方获得支撑，股价下跌时缩量明显，而股价在上升的时候成交量却能够逐步放大，在盘面的浮码越来越少的时候，成交量迅速递增，最终向上突破并放出大成交量，到此宣告一轮洗盘正式完成。庄家在出货的时候，股价会被拉高而缓慢上升，成交量并不是很大，下跌时却放量明显，甚至会出现天量，当然有的时候庄家在拉高时就会跟着出货。

2. 看到庄家放量就要马上跟进

这样做的原因是庄家在股价底部悄悄地吸进股票的时候，一般的散户根本是难以识别的，所以通常不要去苛求要在最低价的时候买入。但是庄家一旦购买到了自己所需要的足量的股票，他必然要通过增大成交量拉升股价才能获利。通常庄家从启动开始算，至少要把股价拉升30%以上才将手上的股票全部卖出，这样自己才能够顺利出局。放量判断的主要依据是：当日的成交量为流通盘的5%的时候，这是启动整个出货动作所必需的量；10%的时候为攻击量。

作为一个散户，如果你不贪心的话，在庄家刚刚开始启动的时候你就马上买进，到时候就可以分享庄家拉升涨幅20%的成果。

3. 看到巨大的成交量后马上退出市场

如果哪一天你发现自己手上所持有的某只股票的成交量大于该股流通量的30%以上的时候，你要记住这是庄家想要退场的征兆，看到这种情况你应该马上退场，如果在放出巨量后股价仍然向上升，那说明已经有新庄家接手，那再回过头进场也不迟。值得注意的是，在这个时候千万要谨慎，要不然就会接上庄家撤手前的最后一棒，然后你就会被长期套牢。

如何选择最佳的入市时机

个人很难影响市场走势，但是这也并不说明炒股就是盲目的。如果在一个错误的时机进入股票市场，那么就可能会赔钱。投资者都想选择一个正确的时机进入股市。

财里财外

褚政是南京市一家国企的普通员工，工资待遇不错，福利也很好，工作又清闲，每天都有大把的空闲时间。她每天都闲得无聊，很想找点事情做，她的男朋友提议说可以去炒股，这样不但可以为自己找件事做，而且如果运气好还可以赚一笔钱。褚政觉得男朋友这个提议挺不错的，她早就听别人说炒股挣钱，觉得应该是件挺有意思的事情，于是就找同事帮自己把一切手续都办好了。

手续办好后，褚政却踟蹰不前了，因为她弄不清现在到底该不该进入股市，虽然股市能赚钱，但赔钱的人也不少，万一赔了那自己该多心疼啊。所以她决定向身边炒股的朋友和同事打听一下。结果这些朋友和同事所给的答案也是众说纷纭，让她无所适从，她不知道该听谁的，这时候她才知道炒股并没有想象中那么简单，要想不赔钱，就必须选好最佳的入市时机。于是她决定暂且把炒股的事放一放，等看明白了之后再入市。

生活中像褚政这样不知道该何时入市的股民有很多，大家都想在股市的低点买入，在高点卖出，但是能顺利实施这种想法的投资者实在少得可怜，就算是浸淫股市多年的炒股高手也很难做到，因为只有庄家（手中持有大量流通股的大股东，他们可以影响股票的走势）才知道股价可能会涨跌到具体哪种程度，但是庄家也不能完全控制股市的走势，更不要说是普通的投资者了。

生财有道

通常来说，最容易辨别的入市时机是在市场出现业绩比较好、价位相对较低的股票时，这个时候投资者入市购买较为合适。

炒股不光只是观察和分析股市那么简单，对于国家政策和社会形势等情况，股民们都应该有一个全面的了解。通常来说，国家宏观经济调整即将要结束，而新一轮的快速发展有开始的迹象时，是入市的最佳时机。在国内政局稳定、社会和谐、通货膨胀率比较低的时候，还可以观察一下是否有新一轮经济增长的趋势。

投资者对股市的行情进行分析后，在大盘的走势已经处于低谷，国家经济紧缩政策已经到位，市场上的资金已经开始慢慢多起来，股市即将由熊市转向牛市的时候，可以放心地入市。

在股市已经不可能再下跌的时候入市，将会享受到持续时间较长、上涨幅度较高的冲天行情。

另外，在业绩优良、有丰厚回报的股份公司分红配股之前，可以考虑购入过户、领息分红，长期持有或是做短线盈利。股票除息除权（上市公司把股利以股票的形式分配给股东，也就是将公司的盈余转为增资时，或是进行配股时，就要对股价进行除权，也就是除去权利；上市公司将盈利以现金方式分配给股东，股价就要除去利息，这就是除息）后，有些绩优股不仅能够完全填权（股票在除权除息后的一段时间里，如果多数人对该股看好，那么这只股票的交易价就会高于除权基准价，这种行情被称为“填权”），而且还能够超过除权前的价位，这个时候可以择优购入，等待填权。

总之入市的时间，就是市场情况存在明显获利机会的时候。需要注意的是，在入市获取利润的时候，风险也同时存在，所以在风险发生的概率比较低的时候，才是最佳的入市时机。

股票卖出的最佳时机

与买股票一样，卖股票也是一门大学问，许多股民都很会买股票，但却不懂得如何卖股票。事实上，一个真正成功的股民在懂得买股票的同时，也懂得在适当的时机卖出股票。

一般情况下，投资者的目的如果是既定的利润率，在市场给予的利润率达到一定的程度，而这个利润率在短期内进一步上升的可能性较小时，就是投资者卖出股票的时机。这时一定要学会见好就收。

在股市上，专业散户的标准有很多：会看、会瞄、会买、会跟、会思、会卖、会逃、会分析、会判断……总而言之，会赚钱。但重要的一点就是要会出逃，会卖掉自己手中的股票。

财里财外

2006年秋，李艳抱着对股市的良好愿望，带着自己的全部积蓄5万元开了户。由于李艳是学财经专业的，具备一定的证券市场知识，同时从事证券信息编辑工作，接触股市的机会也比较多，因此她很自信。刚开始她尝试着买了几只股票，借着当时的牛市东风，其股票的价格水涨船高。股票涨停有时也变成可预期的事情。这让李艳开始洋洋得意起来。

然而，后来购买一只股票的经历让李艳懂得了及时获利是多么的重要。她在周围朋友的大力推荐下于2007年5月以19元的价格买入某只股票，之后该股票一路走高，到2007年6月达到45.24元。在这期间，朋友多次对她说该获利出局了。可李艳认为基于良好的分红预期，该股票还将继续往上涨，她要等到最高点再卖出股票。然而，她的预想落空了，之后这只股票一路走低。虽然后来该股票在分红之前又一次达到39元的高点，但她还梦想着它能涨到40多元，并没有趁着这次反弹的时机卖出，结果到9月15日的时候，她只好以20元的价格清仓了结。李艳感觉自己好像是坐了一趟过山车，从哪来又回到了哪里。

在这次博弈中，李艳抓住了飙升的大黑马，可是她并没有获得相应的回报，其原因就在于她没有把握住卖出股票的时机。

其实，犯这种错误的人不在少数，因为他们没有经过熊市的“洗礼”，风险意识淡薄，对股票的期望值太高，总想短期内在一只股票上大赚特赚。结果到嘴的肥肉没有吃到，反而还亏了本。

生财有道

可见，把握好股票卖出时机是非常重要的，那么对投资者来说，该如何找到卖出股票的最佳时机呢？

1. 大盘行情形成大头部时，坚决清仓全部卖出

上证指数或深综合指数大幅上扬后，形成中期大头部时，是卖出股票的关键时刻。不少市场评论认为要抛开指数炒个股，这种提法不科学。只关注个股走势是“只见树木不见森林”。历史统计资料显示：大盘形成大头部下跌，竟有90%~95%以上的个股形成大头部下跌。大盘形成大底部时，有80%~90%以上的个股形成大底部。大盘与个股的联动性相当强，少数个股在主力介入操控下逆市上扬，这仅仅是少数、个别现象。要逮到这种逆市上扬的“庄股”的概率极低。因此，大盘一旦形成大头部区，是果断分批卖出股票的关键时刻。

2. 股价大幅上升后，成交量大幅增加，是卖出股票的时候

当股价大幅上扬之后，持股者普遍获利，一旦某天该股在大幅上扬过程中出现卖单很大、很多，特别是主动性抛盘很大的情况，则表明主力、大户纷纷抛售，这是卖出的强烈信号。

成交量创下近几个月甚至近几年的最大值，是主力卖出的有力信号，是持股者卖出的关键。没有主力拉抬的股票难以上扬，仅靠广大中小散户是很难推高股价的。

3. 股价大幅上扬后，除权日前后是卖股票的关键时机

上市公司年终或中期实施送配方案，股价大幅上扬后，股权登记日前后或除权日前后，往往形成冲高出货的行情，一旦该日抛售股票连续出现十几万股的市况，应果断卖出，因为这反映出主力出货，所以不宜久持该股票。

股市风险：股市有风险，入市须谨慎

“股市有风险，入市须慎重。”对于二十几岁的股票投资者来讲，风险控制永远比获取利润更为重要。但实际上，许多投资者却没有任何风险控制意识，他们关心的永远只是“该股能涨多少”，却从来不关心“该股会跌多少”。这种没有任何风险控制的投资，往往只会让投资者损失惨重。

财里财外

2012年8月，工作之余，小李迷上了炒股。他恰好赶上好行情，当时每个月拿出5000块钱炒股，没想到每月都以至少20%的速度递增。这让小李很有成就感，于是便把自己所有的积蓄都投入到股市。他每天的主要工作便是盯盘，对于公司的各种制度，完全不放在心上。

因为当时公司实行弹性工作制，所以小李每天想什么时候上班就什么时候去。在公司一个月的工资都没有股票上几天赚的钱多，他哪还在乎这点儿工资？

于是，小李在工作上我行我素，他心想，如果被公司炒了，正好回家好好休息！这种日子持续了一年多，从2013年10月，大盘指数不断跌落，小李的股票账户也在不断缩水。要是觉得赚得差不多也就好了，可克服不了

“贪婪”的小李就是不相信股市能一直跌下去，结果被深度套牢了。

生财有道

有人说世界上所有的投资都是有风险的，通常风险越大收益也就越大，收益越小风险也就越小，如果想没有风险还可以获得收益，那就只能等天上掉馅饼了。

诚然，没有无风险的投资，但是这不等于说我们对待风险毫无办法。既然风险避免不了，就应该把风险降到最低，这是我们可以做到的。

简单地说，股市的风险主要分为系统性风险和非系统性风险。系统性风险是指针对整个股票市场的利空因素，包括加息、上调税费以及其他突发性事件等。非系统性风险则是指个股风险，影响单个上市公司或是单个行业板块，包括长期停牌风险、退市风险、行业调控政策风险等。

系统性风险是整个市场的风险，具有不可分散的特性，而上市公司是没有办法控制系统风险的，因此系统风险对股票的影响面会更加广泛一些，一般投资者难以通过投资组合来躲避这种风险。非系统风险主要是对个股有影响，投资者可以通过分散投资的办法来抵御这种风险。

正是因为股市存在着风险，股价才会有高低起伏的波动，在这种波动中股民就有了获利的空间。要想在股市获得持续稳定的盈利，就必须以较低的风险去获得较大的收益。

也就是说，我们知道自己的投资有风险，当然就要采取相应的措施去控制风险。否则，只能眼睁睁看着风险降临，眼睁睁看着自己的资产遭到损失而无能为力。投资者应该采取怎样的措施来控制风险呢?

首先，我们应该把控制风险放在第一位，把利润放在第二位，要有比较好的风险意识。

其次，要正确地认识和评价自己，要从四个方面去分析自己的情况：投资动机、资金实力、股票投资知识和阅历、心理素质。这四个因素综合在一起，决定了投资者是否适合参与股票投资和对投资风险的风险承受及控制能力。投资者可以根据自己的风险承受能力和控制能力去选择自己可控范围内的股票，避免给自己造成严重打击。

再次，要充分及时地掌握各种股票信息。信息对股市就如同氧气对人的生命一样重要。充分、及时地掌握各种股票信息是投资成功的法宝，也是规避风险的必备功课。掌握信息的关键在于获取信息、分析处理信息和利用信息。

最后，积极培养市场感觉。市场感觉是指投资者对股票市场上那些影响股价和投资收益的不确定因素的敏感程度，以及正确判断这些因素变动方向的“灵感”。要培养良好的市场感觉，必须要保持冷静的头脑，逐步积累经验并加以灵活运用，同时还要有耐心，要经常进行投资模拟试验，相信自己的第一感觉。

总之我们要牢牢记住，投资股市保钱比赚钱重要。首先要承认股市存在着巨大的风险，在这个基础上再去进行操作和判断，不能无视风险，更不能惧怕风险。要先规避风险，再赢取利润。

投资者怎么进行短线投资

短线操作是股票经典操作手法，只要有一个正确的指导思想，再加上买入点及时正确、卖出点及时准确，这样波段操作则必赢，从而达到集无数匹个股的波段小黑马，集合组成你的一匹快速升值的资金大黑马，从而使你的账户资金加速升值。

财里财外

对于短线投资者来说，迈克尔·斯登哈特是个耳熟能详的名字，这位名满世界的短线杀手的名言就是“10%、15%的收益积累起来比囤积股票来日待涨要可靠得多”。

斯登哈德并不迷信长线投资，虽然他有时也这样做。但他主要立足于短线，认为10%、15%的收益积累起来要比囤积股票来日待涨可靠得多。他觉得“等到长期投资的股票赚到钱以后，短线上获利的金钱已经摆在那里一年了”。

基于这种理论，他把从117元启动的IBM股票在132元就获利了结，同时在该价位做空，股价下跌到120时平仓。斯登哈德承认IBM股票的确可以获得长线利润，但他不只是在那里等待股票涨到自己的价位，他做得更多也得到更多。市场永远都有机会。

在进行案例分析之前，首先要明确承认短线投资并不是否定长线投资。其实斯登哈德本人也从来不夸大短线操作。

斯登哈德能在短线投资中获取利润，关键有两点：1. 钟情于短线。例如上面案例中所说的，他自己也承认IBM股票可以获得长线利润，但是当他看到利润足够时就坚决卖出。2. 对方向判断异常准确。据说，斯登哈德每天都会对华尔街的大量资料进行分析研究。

生财有道

我们不是投资大师，没有足够的时间和金钱来获取大量的资料并进行分析，那么作为二十几岁的普通投资者该如何把握短线操作呢？其实我们只要充分掌握短线操作的安全买入和卖出点就可以在股市中获利了。

短线安全买入要点：

（1）上证综合指数的短线走势向上，有空间和力度的配合。

（2）所属板块整体走强，最好是市场热点，这对于短线安全和盈利来说至关重要。

（3）有良好的中线基础或极端的快速连续暴跌。

（4）个股所属板块不能处于热炒后的整体退潮甚至领跌大盘的状况中。

卖出的要点：

（1）股价以同样的特征长时间运行或有很大的涨幅，是有大资金在其中维持，一旦打破这种格局，极可能是多空多量对比发生重大的变化，应视为趋势逆转，立即卖出。

（2）形态破位，股价沿某一均线运行了很久或出现很大涨幅之后向下运行时应卖出。

（3）个股没有基本面的支撑时，股价开始下跌。

（4）个股基本面突然发生改变，利空消息公布，坚决卖出。

理财小测试：你有炒股瘾吗

下面10个问题，如果你的答案回答“是”的有4个，就需警惕“炒股瘾”了，第一个问题回答“是”也要小心“股瘾成魔”。

1. 每天不交易就不舒服。

是　　　否

2. 无时无刻不心痒痒要查股价。

是　　　否

3. 将大笔身家投入期权等高杠杆衍生品。

是　　　否

4. 连吃饭也要把握时间看股票。

是　　　否

5. 动员亲友炒股赚快钱。

是　　　否

6. 曾因炒股身家暴涨很high。

是　　　否

7. 做梦都梦到自己股票暴涨或暴跌。

是　　　否

8. 深感天生我“财”，炒股发达无难度。

是　　　否

9. 炒股比天大，因此不工作等。

是　　　否

10. 极有冲动融资融券，甚至抵押房产炒股。

是　　　否

第8章 二十几岁不可不知的外汇投资常识

外汇投资才是真正的以钱赚钱，是21世纪具有诱惑力的投资工具。任何商品都会有差别，相应的，就会有差价，而有差价就有利可图，货币也是如此。投资外汇就是赚取不同货币之间的差价。一般情况下，外汇投资者通常都有利可图。

真正的以钱赚钱——外汇理财

外汇投资是投资者为了获取投资收益而进行的不同货币之间的兑换行为。外汇是“国际汇兑”的简称，有动态和静态两种含义。动态的含义指的是把一国货币兑换为另一国货币，借以清偿国际间债权债务关系的一种专门的经营活动。静态的含义是指可用于国际间结算的外国货币及以外币表示的资产。通常所称的“外汇”这一名词是就其静态含义而言的。其特点是风险大，但风险可控、操作灵活、杠杆比率大、收益高。

财里财外

1992年9月，索罗斯对英镑的狙击成为国际外汇投机领域的传奇。

索罗斯建立了100亿美元的放空英镑仓位。按1:2.79的汇率，将英镑全部换成马克。然后开始在卖空英镑、股市和债市的买卖上同时行动。因为一国的货币贬值后股票价格总会上升；货币升值后股价会下跌，而利率下跌则对债券有利，所以量子基金又买了5亿美元的英国股票，同时放空德国、法国的股票，并买进德国、法国的债券。

果然，9月15日英镑开始下跌。英格兰银行已大量买进英镑，但收盘价为1英镑：2.7782马克，仅比2.7780的底限高出0.002马克。

9月16日上午，为捍卫英镑，英国宣布将利率从10%提高到12%，结果，汇价依然没得到支持。英镑被抛售，就像决堤的洪水。16日下午，英国宣布再次提高利率，从12%提高到15%，达到两年前英国加入欧洲汇率机制时的利率水平。

索罗斯认为，英国的绝望行为表明其立场无法维持，因而受到鼓励，更大胆地继续放空英镑。结局非常简单：到傍晚，英镑被迫退出欧洲汇率机制。

当天纽约外汇市场收盘价，英镑兑马克为1:2.703，下降2.7%，远低于欧洲汇率体制的下限。

次日，英国利率降回10%。意大利紧随英国退出欧洲汇率机制。次日，英镑收盘价比上一天低了16%。货币贬值的不只是英镑，西班牙货币贬值20%，意大利里拉贬值22%。

9月16日，英国金融界称之为“黑色星期三”，但对索罗斯来说，那个星期三是阳光明媚的。后来表明，索罗斯从那个“黑色星期三”开始的各种事件中赚得将近20亿美元，其中10亿来自英镑，另有10亿来自放空意大利里拉和东京股票市场。

其实，1990年英国加入欧洲汇率机制时，索罗斯就认为英国犯了一个错误，因为欧洲汇率机制要求成员国的货币必须盯住德国马克。而当时英国的经济并不强劲，加入欧洲汇率机制，就等于把自己和西欧最强的经济体——德国联结在了一起，英国肯定将为此付出代价。

索罗斯在狙击英镑时，欧洲汇率体制的分裂已迫在眉睫，一旦该体制发生危机，欧洲各国货币间的汇率将重新大幅度调整，欧洲利率会大幅下调，股市则将下跌。

生财有道

这里列举这个例子是想告诉大家，增加财富的途径不仅仅只有股票和基金，投资外汇也是一个能快速让你的财富增长的好途径，而且是真正的“钱生钱”的投资市场。

外汇理财相对于其他理财方法具有以下优点。

1. 世界第一的流通性

根据新的市场调查可知，外汇现货市场每天的交易量约为2万亿美元，是当今世界上最大的投资交易市场。外汇市场提供的超规模流通性远远高于其他投资工具。

2. 公平透明

政府和中央银行的意图清晰透明，实际上基于全球的慎重考虑，政府机构发布金融文件不可能出现偏差；庞大的交易量让这个市场被操作的可能性无限地接近最小值。

3. 24 小时不间断，适合各类人群

全球外汇市场在 24 小时不停地运转，在这段时间里，只要投资者有休闲时间，随时可以进行交易。

4. 交易成本低

外汇交易不收佣金、手续费和各种税费，除了点差，交易的成本近乎没有。

5. 高杠杆比率

外汇市场提供高达 500 倍杠杆的保证金交易，能让资金量非常小的投资人“以小博大”来获取暴利。当然，保证金交易是一柄双刃剑，如果没有做好风险管理，投资人遭受损失的机会和获利的机会一样大。

6. 不会过时

只要地球存在，地球上的各个国家存在，各个国家发行的货币不一样，理论上这个市场就是存在着的。

7. 易学易懂，省时省力

投资人只要随时关注所投资的货币兑换率就可以了，不用花费太多的精力在其他方面的研究上。

8. 风险的可控性

外汇交易下单时，为防止突发消息、突发事件而导致预测的市场方向错误，投资者可以事先设定止损位，汇价到达止损位时自动平仓，可以把损失控制在较小的范围内，不会被套牢，这样可以把自己的损失减到较小值。

初次炒汇，这些知识必须懂

外汇是以外币表示的用于国际结算的支付凭证。主要包括外国货币、外币存款、外币有价证券（股票、公司债券、国库券、政府公债等）、外币支付凭证（邮政储蓄凭证、银行存款凭证、票据等）、其他外币计值的资产和特别提款权。

财里财外

外汇市场是一个国际性的资本投机市场，主要是指经营外币和以外币计价的票据等有价证券买卖的市场，是国家金融市场的重要组成部分，主要特点就是波幅巨大，波动频繁。

外汇理财的关键是汇率。汇率，又被称为“汇价”，是一国货币兑换另一国货币的比率，是指用一国货币表示另一国货币的价格。由于各国货币的名称不同，币值也不相同，所以一国货币对其他国家的货币要规定一个兑换率，这就是汇率。

生财有道

外汇理财的关键就是要看汇率，根据不同的货币标准，主要分为以下两种汇率标价方法。

1. 间接标价法

间接标价法又叫“应收标价法”，是以一定单位的本国货币为标准，将其折算为一定数额的外汇货币。在国际外汇市场上，英镑、澳元、欧元等货币采取的都是间接标价法，其外币的价值和汇率的涨跌成反比。

2. 直接标价法

直接标价法又被称为“应付标价法”，是以一定单位的外国货币为标准，将其折算为一定数额的本国货币。应付标价法相当于计算购买一定单位外币所应付多少本币，外币价值和汇率的涨跌成正比。

3. 个人外汇买卖

个人外汇买卖主要是指个人在银行进行的可自由兑换外汇间的交易，通常分为实盘外汇买卖和虚盘外汇买卖。外汇交易主要分为现钞、现货、合约现货、期货、期权以及远期交易等不同种类。目前市场上外汇交易的主流是投资性的，主要是以在汇价波动中盈利为根本目的，所以现货、合约现货和期货交易在外汇交易中所占的比重比较大。个人外汇买卖通常风险都比较高，适合拥有丰富的专业金融知识以及风险承受能力比较强的投资者。投资的收益当然也比较高。

4. 外汇投资的投资方式和赢利方式

投资外汇的方式主要有外汇汇率投资、外汇期权交易、外汇理财产品和定期外币储蓄。

个人外汇投资的赢利方式主要有套息和套利两种。套息是利用外币币种储蓄利率的差别去赚取利息收入，比如说美元存款利率高于日元存款利率时，投资者就可以将手里的日元兑换成美元。套利是利用外汇汇率的波动性通过赚取汇差赢利，如果美元兑日元汇率处于较低点的时候应该买进美元卖出日元，当汇率波动到较高点的时候再抛出美元买回日元赚取汇率差额收益。

5. 外汇交易法则

（1）市场未确认上升的任何下跌时段都不可以买入，因为未来的市场可能会跌得更惨。

（2）市场还没有确认下跌之前的任何下跌时段都是买入的时机。

（3）市场确认上升势头后的任何回落时段都是买入时机。

慎重地进行外汇投资

二十几岁的年轻人总以为投资是非常难的一件事，其实不然，想要投资收益并不是一件难事。对于投资者来说，无论是投资国内市场，还是投资国外市场；不论是投资一般商品，还是投资金融商品，所注意的一点就是谨慎，在更为复杂的外汇市场上尤其要注意这一点。

财里财外

外汇投资不可以用人民币直接炒汇。因为人民币目前还不是自由货币，所以不能直接在国际汇市中交易，必须把人民币换成能参与汇市交易的自由货币才行。在汇市当中，人们习惯用美元来作本币，这是由美国的综合实力决定的。但除美元以外，其他的如欧元等主要自由货币也都可用来直接参与汇市交易。当然，你可以一步到位地用人民币去买你认为不错的币种，然后用现汇炒，这样省去了不必要的兑换损失。银行的选择对炒汇的年轻投资者来说，也是一个不可忽视的头等大事。不论是办实盘还是办虚盘，其开户手续都是很简单的，投资者只要拿着本人的身份证及复印件到你选定的银行与它们签个协议就行了。然后开户办张卡，并把钱存进去，通常在第二个工作日就可交易。

生财有道

专家提示，在目前人民币升值预期下，外汇投资者需要注意以下几点内容。

1. 了解自己

了解自己的性格。稳重、头脑冷静的人适合在这个市场进行投资。成功的投资者大多是能够控制自己情绪，有效约束自己的人。

2. 以闲余资金投资

用家庭生活必需资金来投资，是不明智的做法，不仅直接影响家庭生活，还面临投资失败的风险。以闲余资金投资，心理上没有太大压力，因此在决策时也会更加客观、冷静。

3. 切勿过量交易

大多成功的投资者会遵循一定原则，其中一项原则是随时保持投入资金三倍以上以应付价位的波动。假如资金不充足，应减少手上所持的买卖合约，否则，就可能因资金不足而被迫“斩仓”，纵然眼光准确也无济于事。

4. 切勿盲目

投资切勿盲目地跟从别人的脚步。当每人都认为应买入时，他们往往会伺机沽出。当大家都处于同一投资位置，尤其是那些小投资者也都纷纷跟进时，成功的投资者往往会因感到危险而改变路线。

5. 忘记过去的价位

很多投资者会因为过去的价位出现判断失误的情况，这是一种难以克服的心理障碍。一般来说，见过了高价之后，当市场回落时，对出现的新低价，许多投资者会感到不适应；当时纵然各种分析显示后市将会再跌，市场投资气候十分恶劣，但投资者在这些新低价位水平前，非但不会把自己所持有的售出，还会有买入的冲动，结果被牢牢套住。投资者应避免受过去价位的影响，客观地分析情况。

6. 确定止蚀位置

确定止蚀位置是一个重要的投资技巧。投资是一项高风险活动，为减少投资失误带来的损失，每一次入市买卖时，我们都应该确定止蚀盘，即当汇率跌至某个预定的价位，还可能下跌时，要立即交易结清，以免损失更严重。

拉响红色警报，熟悉外汇风险

风险，并没有因为外汇市场具有公开、透明、不为人所控制等优点所屏蔽，投资者仍能清楚地在外汇市场上感受到它的存在。所以，不得不再次提醒投资者应时常拉响你头脑中的红色警报。

财里财外

一天，莫小姐在一家银行里看到一款外汇理财产品。她本不想买，可是一方面心里有着试试新的理财方式的冲动，一方面发现当时的外币利息很低，而这家银行的理财产品利率达2%。她认为尝试一下未尝不可。

但是她忽略了观察外汇信息，没有想到外汇有年限的问题，而这段时间里，可能就有所波动。当时，她还认为这样的决定很明智，毫不犹豫地购买了几千元的这种产品。

过了一段时间，她有一笔外汇储蓄到期了，这回她选择了一款收益要大于3年期的，而期限为3年的理财产品。后来，随着美元利率的不断攀升，外汇理财产品的收益逐渐攀高。再后来，1年期美元利率也快超过她的3年期外汇理财产品时，她才醒悟自己是多么没有远见！

从此，她总结出一点经验，那就是在投资外币时，一定要关注外汇利率的变动，要有超前意识，最好不选择过长期限的理财产品。

生财有道

外汇风险带来的损失，迫使外汇市场投资者和操作者不得不考虑各种应对策略。这里，我们从以下几个方面来给投资者剖析外汇的风险。

1. 信用风险

现在市场上很多外汇理财产品所宣传的收益率其实是3年，甚至是5年的累计总收益率，而银行很有可能提前终止合同，这样一来投资者就会得不到预期的收益。因此投资者在购买外汇理财产品时一定要搞清楚以下三个问题：（1）本金收益由谁来兑付；（2）外汇理财产品到期之后是否会归还本金；（3）区分年收益和累计收益的差别。

2. 终止和赎回风险

现在很多银行都允许投资者对理财产品进行终止和赎回。这是对投资者权利的一个保护，但是其实这样也是有风险的。因为有些银行在允许投资者提前终止和赎回理财产品的同时，还设置了一些附加规定。例如有的银行规定如果客户在外汇理财产品到期前要求赎回，就要扣除5%的本金，而这个理财产品的预期收益可能还不到5%，因此投资者如果提前赎回不仅没有任何收益，甚至还可能亏损本金。

有的银行还规定自己有提前终止理财产品的权利，这是银行出于对市场行情变化的考虑，因为可能如果银行再执行某份合同，就会有损他们的利益。但是银行这样做就是在损害投资者的利益，银行和投资者双方的权利和义务都是对等的，如果银行选择提前终止，那么客户完全有理由向银行要求更高的收益率。

3. 逆市风险

很多外汇理财产品的设计都隐含某种市场观点。投资者在选择这类理财产品时，一定要学会顺应时势，不要因为一味地追求险中求胜而贸然行事。

4. 结构风险

结构风险主要包括汇率风险和市场风险。

汇率风险是由汇率波动带来的风险，比如说有些银行的外汇理财产品和汇率挂钩，如果欧元兑美元的汇率由 1.20 变为 1.10，这就说明欧元已经开始走软，就算这种理财产品的收益率不断提高，但是本金却由美元转换为一种弱势货币，那么很显然投资者就要遭受汇率波动带来的损失。

一些银行推出的外汇理财产品和汇率市场、黄金市场挂钩，如果市场指数在事先约定好的区间内波动，那么投资者就可以按实际的运行天数得到一个较高的收益率。如果市场指数没有在约定的区间内波动，投资者就没有办法获得较高的收益率，还要承受随之而来的损失，这就是市场风险。

外汇买卖的技巧

对于那些初涉外汇的二十几岁的投资者来说，由于缺少经验、技巧及相关的知识，难免要走一些弯路，甚至要付出一定的代价。任何事物的发展都有一定的规律，外汇市场的变化也不例外。因此，投资者可以根据外汇市场的变化规律运用一些技巧来获得收益。

财里财外

外汇行情趋势有什么变化规律？外汇行情总是在上升、下降和盘整之中互相变换，并且大的周期行情内包含小的周期行情，种种因素累积起来，形成了时而上涨、时而下跌的行情形态。一般来说，一个比较重大的趋势不可能在一天之内发生反转，而通常会需要好几天或者好几个星期才能集聚进行这种放量或者反转的力量。反转信号的出现能使投资者感到外汇投资者情绪已经开始或者马上就要发生变化。外汇行情趋势在出现反转之前都会发出一定的信号，但是只有对行情保持关注和高度敏感的投资者才能够及时发现这种信号。

生财有道

但万物皆有规律可循，根据前人总结的经验，二十几岁的年轻人在投资外汇时可以参考以下技巧。

1. 利上加利

利上加利即在汇市对自己有利时追加投资以获取更大利益。但投资者必须对行情判断准确，并且信心坚定。例如，当汇市朝着预测的方向发展，且已升到你预测的某个点时，本来出手即可获利，但如果你不满足于这点小小的利润，并坚信汇价还会上涨，而且也无任何表明汇价将下跌的迹象，则应加买，扩大投资额。如果行情接着高涨，那么，即使不能全胜，但大胜已是确定无疑了。同样道理，当汇市明显下落的时候，也可以采用加利技巧，只不过需要改变交易位置罢了。

2. 自动追加

当汇市比较平稳、没有大的波动，而只在某一轴心两边小幅度摆动，即汇市处于盘局时，便可以采用自动追加技巧。具体操作是：当你已确认汇市处于盘局时，便在最高价位卖出而在最低价位买入，如此反复操作。表面上看，这种操作似乎是违背顺势而作的做法，而且每次获利不多，但因为多次反复操作，收益会积少成多，总的利润是相当可观的。

3. 积极求和

入市后，发觉市势向相反方向运动，则你必须冷静，认真分析所出现的情况，不可盲目交易。如果你经过认真分析后，确认市势已经见底，不久即可反弹，便可一直追买下去。这样，等到汇价反弹时，便可以逐步获利。即使汇价反弹乏力，也可以抓住机会打个平手。

4. 双管齐下

如果确认行情是上下起伏波动，呈反复状态，则可以在汇价升到高价位时追买，当汇价跌至低价位卖出，以平掉开始入市时的淡仓而套取利润，同时用再一次的高价位点入市以平掉前次的追仓获得。这样不仅没有亏损，反而有利可图，这种双管齐下的技巧（低价位时卖出而高价位时买进），实际上是以攻为守和以守为攻的技法。但运用这一技巧时必须小心，绝不可多用，因为一旦汇市趋势呈单边状况而不是反复波动，就会无法套利平仓。

防守是外汇交易的最重要前提

在投资和投机中，止损的观点被公认为必须的功夫和原则。没有止损的交易是危险的交易，在杠杆式交易中，它几乎关系到投入资金的生死。许多爆仓者不缺乏分析交易技巧，但最终还是以失败告终，实盘交易中也是如此，看对方向，买对方向，最终不赚钱甚至赔钱的不在少数。那么，问题出在哪里呢？答案就是：没有做好防守。

财里财外

防守是保存自己实力的唯一办法。严峻的现实统计表明，90%的外汇交易者会在1年之内被市场清洗出局。因为他们缺乏防守意识，他们的主要精力集中于“将利润翻倍”，心存幻想是人类的天性，但金融市场不太喜欢这个天性，“墨菲定律”是金融游戏的最大定律。

记住，防守是最重要而且是唯一重要的事情，只有你学会防守，市场才会在1／2的概率游戏中让你尝到甜头。一定要记住：没有相当把握，坚决不操作；在追逐利润前先留好退路。

生财有道

外汇投资中，最严格的防守就是止损。止损包括以下两个步骤：

第一，合理设立止损。合理地设置止损，保证自己交易错误后能及时地、以最小损失退出交易，并且最大可能地减少错误的结束交易，也就是被市场的噪声清洗出局，失去了很好的赢利头彩。合理设置止损包括两个方面：一是找到天然位置，这固定了最小止损值。具体来说，即做多时止损设立在支撑线下方，做空时止损设立在阻力线上方；二是最大止损比率。一般在 8%以下，最好是 5%以下，也就是止损金额是账户总额的 8% ~5%以下，这个固定了最大止损值。上面两个因素确定了一个止损的客观区域，我们可根据自己的风险偏好在客观的基础上，进行主观的取舍。

第二，严格执行止损。在下单交易时，就要定好止损的位置，并且在碰到止损位置时坚决执行。纪律是市场生存的保证因素。严格止损包括进场设立止损，另外还有就是根据行情的有利发展，可以将止损跟进到下一个天然位置，但是却不能根据行情的不利发展将止损改大。另外，在市场没有否定你的前提前，不要提前止损，因为市场没有否定你的假设前提前，你的判断仍旧是正确的，要做到有理有据。

外汇期权交易技巧

外汇期权交易是交易双方在规定的期间按商定的条件和一定的汇率，就将来是否购买或出售某种外汇的选择权进行买卖的交易。

财里财外

某天，欧元兑美元当时的汇率达到 1:1.1910，赵先生预测未来欧元下跌的可能性比较大，于是选择了“期权宝”交易。他准备买入一个看跌欧元和看涨美元期权，当时期权协定汇率为 1.1880，看跌欧元期权费率报价为 0.8%，14 日到期。赵先生当即买入 10 万欧元期权面值的看跌欧元期权，共支付期权费 800 欧元，该权利的含义是：在期权到期日，客户有权按 1.1880 的协定汇率卖出 10 万欧元。

两周后，欧元兑美元下跌至 1.1730。赵先生手中的看跌欧元期权已经有盈利——每 1 欧元可以获利 0.015 美元（1.1880 － 1.1730=0.0150），10 万欧元期权面值共可获利 1500 美元（100000×0.015=1500）。客户选择执行该期权，银行将盈利的1500美元支付给客户。从投资效果看，客户花费期权费800欧元，当时合952.8美元（800× 1.1910=952.8），期权到期后获得回报1500美元，净盈利为547.2美元，投资收益率达到57.4%（547.2 / 952.8=57.4%）。

首先，了解一下为什么外汇期权会受到很多投资者的青睐。外汇期权交易具有锁定成本、潜在收益无限的特点。投资者只需要支付固定的期权费，就可以从银行手中买到一个理论上可无限盈利的权利。即使投资者放弃行使这一权利，损失的也只是固定的期权费，而不会面临无限的市场风险。

赵先生根据自己对未来汇率变化方向的判断，买入一个相应方向的期权，当期权到期时，若市场汇率跟判断方向一致，则通过执行期权可以获得盈利。这正是很好地利用了期权交易的特点：即无论汇率上涨还是下跌，只要判断准确都可以投资获利。

生财有道

本节的例子很好地说明了外汇期权交易的可操作性。外汇期权交易不仅可操作，而且还有以下一些技巧。

1. 辨别方向，选择时机

在汇率达到关键的支撑位或阻力位时，或者是突破重要的阻力位和支撑位时，买入相应的看涨期权或看跌期权，获利的机会可以大大增加。

2. 锁定收益，结合实盘

在市场走势与自己判断出现背离时，可以通过外汇实盘买卖或者其他方式进行反方向的操作，来减少损失、降低风险。由于已有一个期权保护在手，投资者不用过于担心。

3. 实盘解套，降低风险

很多实盘投资者都会遇到本金被套的风险，或深或浅。深的不忍止损，浅的又不甘于止损，只能在实盘买卖战场上静等或以交叉盘解套。而交叉盘的买卖成本要更大，一个方向性的错误有可能使投资者再度被套。这时，不妨尝试用外汇期权来达到解套目的。

在实盘被套的时候买入期权，可以使投资者达到解套的目的或者提高获得收益的概率。

理财小测试：看看你的金钱焦虑指数

你知道自己对金钱的焦虑程度吗？不妨试试这个焦虑量测试表，测试一下你的金钱焦虑指数。

包括20道题，每道题都与关心金钱的态度有关。作答时以四种方式记分，选A记1分；选B记2分；选C记3分；选D记4分。选一个最适合自己态度的答案，写下正确的号码。全部作答完毕，再根据记分式算出总分。

A. 从来不　　B. 有时候　　C. 经常　　D. 一向如此

测试题

1. 我担心赚钱会使我自己迷失了人生方向。（　）
2. 我担心朋友若知道我有钱，会向我借钱。（　）
3. 我担心如果我赚太多钱，会被扯进复杂的税务问题。（　）
4. 我担心不管我赚多少钱，永远也不会满足。（　）
5. 我担心如果我有很多钱，别人喜欢我是因为我有钱。（　）
6. 我担心钱会使我沉弱于所有的恶习之中。（　）
7. 我担心如果我赚的钱比朋友多，他们会嫉妒我。（　）
8. 我担心如果我大把大把地赚钱，钱会控制我的生活。（　）
9. 我担心如果我有钱，别人一有机会就想欺骗我。（　）
10. 我担心钱会成为我追求真理的障碍。（　）
11. 我担心如果我有很多钱，我会一天到晚害怕失去它。（　）
12. 我担心钱会使我变得贪婪，并且过分地野心勃勃。（　）
13. 我担心管理为数不少的钱会造成无故的负荷压力。（　）
14. 我担心如果我赚了很多钱，我会失去工作的意愿。（　）
15. 我担心如果我有很多钱，我会利用钱去占人家便宜。（　）
16. 我担心拥有很多钱会使我的生活不再单纯。（　）
17. 我担心金钱真是万恶之源。（　）
18. 我担心拥有大量的金钱会使我陷入失败的境地。（　）

19. 我担心我没有能力处理巨额的钱财。（ ）

20. 我担心太多的金钱会迫使我改变现在的生活方式。（ ）

答案解析：

A. 得分在 20~24 分

B. 得分在 25~30 分

C. 得分在 31~37 分

D. 得分在 38~57 分

E. 得分在 58 分以上

A：虽然焦虑水准低与成功有关，得分太低却可能显示这种人缺乏兴趣或雄心。焦虑水准低但处于可控制的程度，表示具有可改变和改善生活的良性关系。如果你得分很低，很可能是因为你对现状太过满足，充满信心而没有金钱焦虑，或者你是想避免遭遇钱财问题而作必要的改变，究竟是哪一种原因，得好好问问自己。如果是第一个原因，恭喜了，金钱恐惧根本不会阻碍你的成功。

B：这种人对现有的钱财状况颇感舒适，商业知识广博，他们相信自己可以完全控制成功的机会，并对成功地处理金钱问题深具信心。得分落在此组的人，都能正面看待自己的目标，承担必要的风险，迈向自己所希望的未来。

C：这种人对金钱在生活中所扮演的角色感到不确定。对他们而言，金钱会引起别人的关注，取得和持有都会令他们担心。如果他们的焦虑会驱使自己去控制好钱财，就可能步上成功之路；如果老是想逃避钱财风险，整天因为没有安全感而害怕，他们的焦虑就会阻碍进步。如果你得分落在此组，你可能会被焦虑所误，但只要你愿意，还是可以做到自我掌握，迈向成功。

D：得分高的人很难去享受自己所拥有的钱财。而且，他们的焦虑会使挑战和走向成功毫无报偿，因为他们觉得成功只会带来害怕失去（成功）的焦虑。

焦虑的人因此会把自己隐藏在一些过度保护性的行为里，诸如强制性的储蓄，或不信任他人。偶尔，这些焦虑程度高的人也会失去防卫，以不太恰当的方式和外界接触，不过，万一接触失败，就会加深他们的焦虑。得分落在此组的人是很难成功的。

E：这种人需要赶紧寻求解除焦虑的方法及技巧，或许还包括专业的治疗。焦虑极端高会万念俱灰，不想追求任何目标。得分落在此组的人，对周围的人根本无法相信，不可能享受成功所带来的任何乐趣；最重要的是，这种人根本很难成功，因为焦虑水准太高，必须付出昂贵的代价。

第9章

二十几岁不可不知的房产投资常识

曾经，中国许多人从万元，到百万元，到千万元，轻松实现三级跳。他们飞跃靠什么？答案就是房地产。投资房地产，是永恒的利益。过去，多少是无心插柳柳成荫；今后，则必须武装起来，学房地产规律，学房地产投资原理，学影响房地产的天时地利。然后，把这些知识应用于实践，取得投资成功。

二十几岁应该知道的房产投资常识

一提到房地产投资，很多人认为就是买房子或者出租房子，其实这仅仅是房地产投资中的一小部分内容。投资房地产所涉及的资金数额通常都较大，因此投资者需要全面了解房地产投资知识并谨慎对待。

财里财外

目前，我国的房地产市场已经严重分化，一、二线城市由于聚集了过多的资源，需求集中，而供给和存量相比需求都较为短缺，因此市场供不应求，房价暴涨；然而，三、四线城市由于库存积压非常严重，供过于求，正酝酿着巨大风险，多个城市出现了房价下跌的迹象，例如鄂尔多斯与温州之后的江苏常州、辽宁营口、贵州贵阳等地。也就是说，房地产市场投资的风险系数在增大。

总之，我国宏观经济走势稳步上行，经济发展的可持续较强，整体支撑了房地产行业的发展。另外，在货币发行量不断增加以及近期经济结构不会出现太大变动的情况下，投资房地产市场是有利可图的。

生财有道

房地产包含房产和地产，即房屋和土地两个概念。房地产投资包括五个方面。

在这五个投资方向中，最传统的就是住宅投资。楼房投资是用于整体开发的投资，比如整租给其他人作商业用途，或者是开一些经济型酒店等。对于一般投资者而言，住宅投资和商铺投资是主要方向，尤其是住宅投资。

投资房地产自然是希望所投资的房产升值，从而获取投资回报。那么判断房产升值的潜力，就是投资者必须考虑的一个问题。总体来说，影响房产升值的因素主要有以下四点。

房产所处地段。这是影响房产价格的重要因素，在地段影响中最为显著的要属交通状况。一条公路或地铁的修建，都有可能“变废为宝”，使周边房价直线上涨。随着交通设施的完善，市郊结合部可能具有更大的升值空间。

房产总体规划。投资者看重的应该是房产的未来价值，因而应该把眼光放长远，某些房产尽管目前略显荒凉，但在规划中如果确定会有较完善的商业设施、娱乐休闲设施、文化体育设施等，那么这些地产项目也将具有较大的价格上扬空间。

房产周边环境。主要包括生态环境、人文环境、经济环境等。如房产周边是否会有园林绿地的开辟使得空气改良、噪声减小，以及社区配套的商业和生活设施等，都会成为影响房产升值潜力的因素。

房产质量品质。有着良好的设计质量与建筑质量，是房产有可能具有较大的升值空间的前提。另外，物业管理是否专业也会影响到房产品质的高低。因而投资者在买房时也需要考虑这些因素。

如何算好房产回报率

随着物价的不断攀升，银行利率低，有钱人存在银行的钱不断贬值，这让有投资眼光的人开始把钱转移到其他渠道，用钱生钱。然而，他们不得不面对的现实情况是，2016 年股市暴涨暴跌，投资黄金、石油、基金等，高收益与高风险并存。相对而言，投资房产是一种比较保值、升值的投资方式。

财里财外

租售比是指房屋租金与售价的比例，是每平方米建筑面积的月租金与每平方米建筑面积的房价之间的比值，也有一种说法认为是每个月的月租与房屋总价的比值。“房屋租售比”这个概念是国际上用来衡量某地区楼市运行是否良好的指标之一，国际标准通常为 1:100 到 1:200。比值越高，说明房价中的投资需求越大。

生财有道

了解影响房地产租售比，能帮助投资者更准确地选择房地产项目。那么如何知道自己投资的房地产回报的价值是多少呢？下面提供三种基础的价值计算方式。

1. 投资回收期计算

投资回收期考虑了租金、价格和前期的主要投入，可以估算资金回收期的长短。计算公式为：

投资回报期 =（首期房贷 + 期房时间内的按揭率）/ [（月租金—按揭月款）× 12]

通常来说，回收年数越短越好，合理的年数在 8~10 年。我们可以从一个例子来看：

一套 40 平方米的房子，总房价为 20 万元，首付 6 万元，剩余的 20 年每月付 1000 元，租金是 1500 元 / 月，则投资回收期年数应该是 12 年，实际上并不划算。如果租金提高到 2000 元，则投资回收期就是 6 年，那就有不错的利润回报了。

如果随着房贷支出增加，而租金没有变化，则可能出现延长回收期而导致投资失败。

2. 租金回报率计算

如果有足够的资金可以直接买房，不需贷款，则可以计算租金回收率。其计算公式为：

租金回报率 =（税后月租金—每月物业管理费）× 12 / 购买房屋总价

利用这个公式可以得到投资房产的每年的回报率，比如前一个案例中月租金是 1500 元，物业费是 100 元，则租金回报率为 8.4%。

通过公式可以大致清楚自己投资的房地产项目有没有价值，从而判断是否继续出租还是卖房。因为若租金回报率为 3.4%，而还贷的利率却高达 5.5%，那么实际上最佳投资选择应该是出售，这样可以一次性将成本收回，另外还能赚一笔利润。

3. 15 年国际通用评估物业法

“15 年国际通用评估物业法”的意思是，若一处房产的年收益 ×15 年 = 房产购买价，那么该物业物有所值；若该房产的年收益 ×15 年＞房产购买价，则该房产还有一定的升值空间；若该房产的年收益 ×15 年＜房产购买价，那就说明该房产价值被高估。

比如有一处房产，投资者在购买时的总价是 30 万元，每年的收益是 3 万元，每年收益 3 万元 ×15 年 =45 万元＞ 30 万元，则可以认为该房产有投资价值。

在计算获取房产出租收益当中，表面上看房屋租金的高低可以大体决定整体的房产年收益，殊不知出租年收益的高低并非完全取决于月租金的高低，还与房屋出租空置时间的长短紧密相连。

例如：王先生和刘女士在同一区域各有一套两居室出租，按市场价该区域的两居室为 1500 元 / 月，空置期一个月。

由于王先生的租价是每月 1600 元 / 月，比市场价高出 100 元 / 月，导致其出租空置期达到了两个月。而刘女士按市场价出租，只空置了一个月后就租了出去。虽然王先生的月租金要高于刘女士，但如果按照全年的收益来计算的话，刘女士的收益高出王先生 500 元。因此，要将空置时间合理转化成有效收益。

事实上，在计算房地产投资回报时，还要考虑税费的成分，前面的举例都没有涉及税费，但税费其实是很重要的一笔购房成本。因为房地产作为可交易的商品，按照国家规定都需要缴纳相应的税费，所以投资者还需要仔细衡量。

房地产投资的风险及控制

任何投资都是有风险的，房地产市场也存在着很多不确定性，而投资房地产对于普通投资者来说动用资金所占比例比较大，因此更加需要认清投资风险，以做到未雨绸缪。

财里财外

黄先生第一次买房没有经验，不知道签合同前要审查房屋的登记信息，也就是拉产调，他觉得请了中介做服务，就一切手续交给中介办。没想到签了协议、付了定金才知道，房屋存在2项抵押，在抵押没有撤销前房子不能过户。但是，这时候发现房子有问题，已经晚了。

生财有道

投资房产时，流程复杂，中间潜藏着大坑小坑无数，只要一不留心，就可能掉坑里。具体来说，投资房地产的风险主要有：

（1）资金流动性差。房地产属于不动产，本身具有固定性的特点，与其相关的变化大多需要一个较长的时期，变现能力较差。

（2）价格波动大。房地产价格容易受到政治、经济、金融产业等因素的影响。政策变化、经济风波、金融震荡等都会使其价格受到干扰。

（3）信息不对称。不完全或不对称的房地产市场信息，不仅严重扰乱了市场秩序，而且还干扰了当前房地产调控政策的制定与实施，使房地产市场乱象丛生，投资者预测难度加大。

（4）人为损坏与自然风险。由于事故过失或故意损坏行为，以及不可控的自然灾害的发生，都有可能使房地产投资蒙受巨大的损失。

（5）财务风险。一方面对于投资写字楼或商铺的投资者来说，由于房地产投资主体财务状况恶化而使房地产投资者面临着不能按期或无法收回预期投资报酬的风险。另一方面，对于投资者个体来说，购房者因种种原因未能在约定的期限内支付购房款；或是投资者运用财务杠杆，大量使用贷款，实施负债经营，这种方式虽然拓展了融资渠道，但是增大了投资的不确定性，加大了收不抵支、抵债的可能性。

近年来，由于国家加大了对房地产市场的调控，投资房地产的风险又增加了一条政策性风险。未来国家宏观政策将会给房地产投资带来怎样的震动，直接影响到投资者的收益，这就要求投资者经常关注经济形势，从宏观政策上来判断房地产市场的走势。

除了以上风险，投资者在买房过程中还需要注意以下几点，以避免落入陷阱。

（1）在签订合同前需要调查开发商的背景，实力雄厚且具有口碑的开发商更有保障。

（2）办理产权过程有着诸多时间规定，如30天要去备案，60天开发商办理权属备案，90天后才能办理产权证。

（3）二手房按揭过程中，若买方只是支付首付款而恶意拖延办理按揭手续的时间，或者办理过户手续之后再申请按揭，都有可能使交易不成立。

掌握技巧，轻松投资二手房

二手房交易中有许多潜在的风险，了解二手房交易中的相关知识，不仅能增加二手房买卖的“保险系数”，规避交易风险，减少交易纠纷，同时还可以省心、省时、省力。

财里财外

沈先生是济南市一家私企的销售部经理，每月收入颇丰，可是手里的银行存款却并没有多少，以致于工作多年还没有一套属于自己的住房。去年沈先生交了个女朋友，两个人情投意合，感情发展很快，即将考虑结婚。女朋友对沈先生并没有别的什么要求，只希望在结婚前能有属于自己的住房。

沈先生觉得这个要求不算过分，可是自己手里的存款根本就不够一套新房的首付。想来想去沈先生决定买一套二手房先住着，等以后宽裕了，再换一套新房。沈先生把这个想法和女朋友一说，通情达理的她也同意了。随后两个人开始选房子，选来选去他们在网上看到了一套房子，觉得各个方面的情况都还不错，符合他们的要求。随后，沈先生和女朋友就一起去看了房子，发现真的和网上所描述的一样，于是沈先生就爽快地交了定金和首付。

结果沈先生入住之后却遭遇了一些麻烦，原来这套房子居然欠了物业公司几千元的管理费，还有数量不等的水费和电费。沈先生后悔不已，无奈之下只能交齐了这套房子所欠的所有费用。事后沈先生越想越生气，就把房产中介公司告上了法庭，寻求法律途径解决这件事。

生财有道

买二手房时尤其需要注意，以下是一些投资二手房的经验，希望对投资二手房的你有所帮助。

1. 所有权不清的房屋不能购买

刘先生看中了陈女士在合群路上的一套面积为 62 平方米的“两室一厅”的房屋，双方约定成交总价为 33 万元。刘先生先预付 40%的房款就可得到房屋钥匙，过户手续办完后，刘先生再将尾款付清。刘先生很爽快地付了预付款给陈女士，陈女士打了收条并将房门钥匙交给了刘先生，两人约好第二天去办理过户手续。没想到在办理过户手续时，陈女士前夫提出来，合群路的这套房子是他和陈女士的共同财产，产权证上的产权人是他和陈女士两个人，他不同意将房子出卖，这笔交易不能进行。刘先生一下子恼了，满腔怒火向陈女士发泄，言语自然不好听，陈女士也不甘示弱，双方大吵了一场，刘先生向陈女士讨要预付的房款也没有结果，大家不欢而散。而后，刘先生以不归还房门钥匙为要挟，经过几番讨要，才终于要回了预付款，原本高高兴兴的买房却变成了一场劳心费神的闹剧。

上述案例中，刘先生没有查看对方有关房屋资料，也没有对房屋的所有权进行确认就草率地支付部分房款，如果卖方并非房屋所有权人，买方的房款可能一分钱也收不回来。案例中刘先生虽然大费周折才收回房款，但已经算是比较好的结局。

2. 未收到购房款不要办理过户手续

张先生在大街小巷张贴售房启事，打算出售 96 平方米的一套“三室两厅”房屋。售房启事贴出后不久，就有一位姓李的先生致电表示愿意购房，看房后双方签订了一份协议约定成交价为 100.3 万元，办理过户手续时产生的费用双方各付一半。协议签订后张先生就将所有的过户资料都交到产权部门办理过户手续，过了 10 天左右，李先生致电张先生，说他急需用钱不能买房了，之后就再也没有出现。

在二手房交易中，对卖方而言最主要的风险即是在未收到购房款或任何抵押金的情况下，就办理过户手续。如上述案例中张先生这样，因为对方失约，导致交易夭折，因而需要办理二次过户手续，费时费事不说，还损失了一笔费用。

经济适用房：必须通过资格审查

经济适用住房是指已经列入国家计划，由城市政府组织房地产开发企业或者集资建房单位建造，以微利价向城镇中低收入家庭出售的住房。它是具有社会保障性质的商品住宅，具有经济性和适用性的特点。

投资住宅房的人，不是打算长期出租、靠租金获利，就是打算在一段时间内出售，然后获利走人。对于大多数住户来说，当然是希望跟自己住同一个小区里的人素质整齐一点。住宅房要的就是适合老人和孩子居住，要求环境幽雅、空气清新，每天早晨最好能听到鸟叫，看到老头老太太打太极拳的身影。但是并不是所有住宅房都是你想买就能买，想投资就能投资的。比如说经济适用房。

财里财外

由于近年来房价的涨势一直都很猛烈，张萌看到房价一直上涨，于是便想赶紧买上一套房子以备后患。她通过朋友认识了拆迁户刘先生。刘某在一处地段拥有经济适用房住房的购买权，但是购买面积和价格现在都没有具体的规定。

由于购房心切，张萌便私下里与刘某协商，之后签订了一份《经济适用房买卖合同》，合同上约定刘某将购买经济适用房的名额转让给张萌。张萌一次性补偿给刘某人民币10万元整。后来当张萌拿着转让的房号去购买经济适用房时，却被人家拒绝了。原因很简单，因为张萌与刘某在签订《经济适用房买卖合同》之前，并没有经过本市住宅管理中心的购房资格审查，所以此合同是无效的。这回可让张萌傻眼了。

生财有道

那么，到底购买经济适用房应注意哪些问题呢？

（1）经济性。是指住房的价格相对同期市场价格来说是适中的。购买能力应与家庭收入相匹配，经济适用房适合中等及低收入家庭的负担能力。

（2）适用性。是指在房屋的建筑标准上不能削减和降低，要达到一定的使用效果。经济适用房是国家为了解决低收入人群的住房问题而所作出的政策性安排。

（3）购买程序，凡购买经济适用房，须由职工所在单位（无固定职业者由户口所在地街道办事处）出具住房、收入情况和审查证明，由经济适用房项目建设单位进行审核，符合条件后方可购买。

期房和现房，适合的才是最好的

期房还是现房？对于希望置业安家的“刚需族”来说，这一问题的重要性也许并不亚于哈姆雷特那赫赫有名的死亡思考。武断地判定孰优孰劣于事无补，本来现房期房的选择就是“萝卜青菜各有所爱”的事儿。

财里财外

家住浙江省台州市椒江区的朱先生5年前购买了一套二手房，当时买二手房主要是觉得价格便宜、得房率也高，而且老小区居住环境更成熟，方便一些。但是，居住之后才发现，因为设计时间早，房子的格局有点不尽如人意，很多问题并不是重新设计装修就能解决的。正是因为有了前车之鉴，所以这次弟弟买房子，他坚持让弟弟购买期房。

期房正好能弥补二手房的这些缺点。正所谓新小区有新设计、品质高的楼盘更是讲究创新。朱先生认为，由于买的是未竣工的房子，销售工作刚刚展开，一般开发商都能提供较多的房源，朝向好、户型佳的也在其中。

而在同一个城市同一个区的却是现房的绝对拥护者。黎小姐工作几年下来，手头有了一些积蓄，买了辆小车后，存折上还有部分节余，于是，开始张罗着给自己买一套单身公寓。

“虽然之前没有买过房，但看多了身边朋友买房，也积累了一些经验。”她认为，“期房等待的时间太长，与其把钱‘预支’给开发商，还不如用来租房住，也算是省下一笔，而且，二手单身公寓虽然房源挺多，但交易过程繁杂，面积太小还不容易办按揭。”想来想去，黎小姐还是觉得买现房合适：“不论是房子本身，还是小区内外的交通配套、绿化景观，现房看起来都很直观，大大降低了购买的风险。”

而结合黎小姐的情况，买现房不仅可以按揭贷款，办理手续后很快就可以入住，节省下来的时间就是金钱。另外，如果楼市低迷，市场上也积累了不少现房，买反而更有可能买到性价比较高的房子。

生财有道

究竟是期房好，还是现房好呢？仁者见仁智者见智，但不管是期房还是现房，都有优点也都存在着缺点。下面我们就分别列出期房和现房的优缺点。

	缺点	优点
期　房	①期房合同上写明的开发商哪一天交房，但是有的开发商往往逾期不能交房。不管是开发商原来有意欺骗或其他客观原因，都给买房者带来不利。 ②开发商前期过度炒作理念或带有欺骗性所带来的严重恶果。购房者买房时只看了模型,其中绿地、景观、整体规划、户型等各方面都觉得较理想,可等全部完工后再看，拿到手的房子和原来开发商介绍的有很大差别。	①由于先期购买，利于选择户型和位置。 ②销售工作刚刚展开，一般开发商能提供较多的房源,朝向好的户型也在其中，购房者有较大的选择余地。 ③期房的价格一般比现房价格优惠。为了及时收回资金，增加资金利用率和减少资金压力，房地产开发商在销售期房时会让利。
现　房	①除了个别开发商保留的房屋，一般房型和位置都为剩下的，选择余地较小。 ②在整体市场较好的情况下，现房价格也要比期房贵很多。	①无论小区内外交通和景观，还是房产本身，看起来直观，购买风险小。 ②办理手续后就可入住，不费时。 ③在整体市场一般或较差的情况下，反而有时可以买到较好的房屋，而在市场情况很差的时候，这一点更加明显，因为这时候买期房风险很大，开发商可能没有能力按时完成项目。

通过优劣势的比较，可以总结出：期房和现房，适合的才是最好的。

投资小产权房产要谨防“雷区”

“小产权房”并不是一个法律上的概念，它只是人们在社会实践中形成的一种约定俗成的称谓。通常所谓的“小产权房”，也称“乡产权房”，是指由乡镇政府而不是国家颁发产权证的房产。

财里财外

“我们当初购买这套房主要是图便宜，因为原先的住宅要拆迁，就舍近求远到这买了房。”购买小产权房的刘女士说，“当时这套房子买的时候每平方米均价只有5000元，与城里的同质房源相比，便宜了一半。但因为是‘小产权房’，至今拿不到两证，这给生活带来了诸多不便。”

“因为难以在当地落户，交社会医疗保险、行使选举权等都不能与当地相关部门进行对接，我们这些从‘外地’迁入的业主，很难融入当地的生活圈子。”

生财有道

近些年，随着房价的持续走高，许多购房者将目光转向了看似物美价廉的“小产权房”。殊不知，“小产权房”后面有很多不为人知的“雷区”。购买看似便宜的“小产权房”，实则可能要承担一系列风险。具体来说，风险主要有：

1. 业主权益难保障

真正让“小产权房”业主们普遍困扰的，是在正当权益受到侵犯时，无法得到及时保障。“小产权房”因房价低，不仅基础设施配套跟不上，物业管理也是十分混乱。直到出现纠纷需要调解时，他们才被相关部门告知，由于不具备房屋产权，恐怕难以得到法律支持。

因为“小产权房”业主拥有的实际上只是集体土地房的使用权，所以涉及房屋产权人才有的权益时，根本无权主张，“他们至多算是业主代表，维权时身份很是尴尬”。

2. 无法申请办理房屋产权登记，不能依法上市交易

“小产权房”不是在国有建设用地上建设的，没有国有建设用地使用权证，不能办理相关的用地规划、建设工程规划、建筑施工许可等批准许可手续，以及质量、消防、环保等竣工验收手续，最终无法办理房屋所有权证。相应的，买受小产权房后再次出卖，也就只可能是进行“地下交易”，无法在房管部门办理登记过户手续。

3. 无法办理继承手续

小产权房手续不全，若买受人购房后去世，其继承人也无法办理正式的继承和登记手续。

4. 无法办理抵押借款

小产权房手续不全，银行等金融机构将不会同意以小产权房作为合法的抵押物发放贷款。

巧用房贷，使“房奴”变房主

如果自己手里有一大笔钱，就可以一次性付款、一次性购房了，也就没有还贷的后顾之忧了。如果没有那么多钱，那就只能在还贷的方式上想办法了。我们可以根据自己的实际情况来灵活地调整自己的还贷方式，这样，自己就能避免沦为“房奴”了。

财里财外

朱先生今年“五一”结婚，当时他看到房子降价了，自己正好要买房子，就抓住机会拿出自己的大部分积蓄赶紧付了一套房子的首付。两个月后房产证也到手了，这个时候他非常高兴，觉得终于有一套属于自己的住房了。可是没过多久他就高兴不起来了，每个月 4000 多元的房贷压得他喘不过气，每天早上醒来第一件想到的事情就是要还贷。刚买房时的欣喜没有了，现在开始沮丧和郁闷。他知道自己虽然得到了房子，却已经失去了幸福；在得到房子的同时也得到了巨大的压力，他觉得自己已经成为不折不扣的“房奴”。

像朱先生这样的“房奴”并不在少数，究其根本，主要还是因为月供过高，造成生活质量严重下降。通常而言，如果月供超过了自己工资收入的 50%，就属于“房奴”。

生财有道

相信没有人想去尝试“房奴”的滋味，怎样才能做到既有房又不做“房奴”呢？下面介绍一些降低房贷利息的方法。

1. “分阶段性还款法”适合年轻人

对于二十几岁的年轻人来说，刚参加工作的手头资金紧张，而“分阶段性还款法”这种还款方式就允许客户有 3~5 年的宽限期。刚开始的时候每个月只需要还几百元就可以了，过了 5 年之后，随着工作的稳定和收入的提高，每个月的还款金额也会相应提高。

2. “存抵贷”业务帮你巧减息

如果你想要购买第二套房子，那么按照国家目前的政策是不能享受首次购房的优惠利率的。在这样的情况下，投资人可以选择银行的“存抵贷”业务，即把手里经常闲置的资金划入房贷还款账户，银行将按照一定的比例看作是提前还贷，并把节省下来的贷款利息作为理财收益返还给本人。

值得注意的是，按照“存抵贷”业务的规定，并不是全部的存款都能被抵扣，而是按照一定的比例计算的。另外，还款账户中的金额必须超过 5 万元才能抵扣。因此，这种方法比较适合那些经常有大额现金流动的投资者，普通的上班族办理这种业务后的减息效果不是很明显。

3. 一次性还本付息法

投资者可以在借款到期之后一次性偿还所有贷款利息和本金，这种还息方法比较适合那些从事商业经营活动的投资者，尤其是那些小企业或是个体经营者，可以减轻还款的压力。

4. 公积金转账还贷

投资者在申请购房组合贷款时，一方面要尽量用足公积金贷款并尽量延长贷款年限，在充分享受低利率好处的同时，最大限度地降低每月公积金贷款的还款额；另一方面要最大限度地缩短商业住房贷款的还款年限，在家庭经济可以承受的范围内尽可能地提高每月商业贷款的还款金额。这样一来，月还款额的结构中就会呈现公积金份额少、商业贷款份额多的状态。公积金账户在抵充公积金月供之后，剩下的余额就能抵充商业性贷款，这样一来节省的利息就非常可观了。

5. 无贷款产权房抵押

如果投资者手中持有无贷款产权房，那么可以办理房屋抵押消费贷款，如果本人的收入颇丰而且很稳定，信誉也很好，再加上房产本身的价值、房龄以及借款的额度都还算不错，那么银行可能就会给予基准利率 1.15 倍甚至是 1.1 倍的利率，这样一来就能节约不少的利息，比如说，如果你的贷款总额是 100 万元，那么就可以节省大约 9 万元的利息。

6. 双周供

双周供也就是半个月还一次款，这样一来就缩短了还款周期，比按月还款的频率要高一些，贷款的本金总额减少得就会更快一些，这也就意味着整个还款期内所需要归还的贷款利息将会远远低于按月还款时归还的贷款利息。还款周期缩短之后，也就节省了借款人的总支出。对于工作和收人都比较稳定的人来说，选择双周供还是很合适的。

7. 转按揭

转按揭是指由新贷款的银行帮助客户找担保公司，还清原贷款银行的钱，然后重新在新贷款银行办理贷款。如果目前你所贷款的银行不能给你 7 折房贷利率优惠，那你完全可以去找一家更实惠的银行。由于市场竞争激烈，还是会有一些银行乐意为投资者效劳的。

8. 提前还贷是降低利息的杀手锏

投资者如果选择提前还贷，那么有以下方式可供选择：提前全部还清（这要求投资者现在手里持有大量现金）；部分提前还款，每月还款额不变，还款期限缩短；部分提前还款，还款期限不变，每月还款额减少；部分提前还款，每月还款额减少，同时将还款期限缩短；剩余贷款保持总本金不变，缩短还款期限。

在这几种方法中，除了提前全部还清外，只有第二种办法总体利息支出最少。需要进一步说明的是，提前还款时最好选择"等额本金"还款法，相同的贷款期内，它要比等额本息还款法节省利息。

另外，提前还贷之前一定要算好账，因为所有的提前还贷都能省钱。比如说房贷已经超过还款中期，甚至只剩下了一点尾款，大部分利息已经被银行收走了，那么提前还贷就已经没有多大的意义了。此外，如果投资者享受了首套房贷利率 7 折或是 8.5 折的优惠，加息后每月还款额增加得并不多，而且以后再贷款就享受不到这样的优惠条件了，那么这部分购房者就需要考虑清楚提前还贷是否必要。

如果投资者选择部分提前还贷，剩下的房贷就应该选择缩短还贷期限，而不是要减少每月的还款额。因为银行收取利息主要是按照贷款金额占据银行的时间成本来计算的。因此，选择缩短贷款期限就可以有效地减少利息支出。假如贷款期限缩短后正好能够归入更低利率的期限档次，那么省息的效果就更加明显了。实际上在降息的过程中，通常短期贷款利率下降的幅度会更大。

“以房养房”应规避的投资风险

随着人们对房地产领域投资意识的加强，许多人都开始将赚钱的目光转移到了“以房养房”的方式上。所谓“以房养房”，就是以出租旧房，用所得租金偿付银行贷款来购置新房；或者投资性购房，出租还贷。

财里财外

杨东平是郑州市一家私企的销售部经理，去年结婚后买了一套两居室，每个月都要还不少的房贷，这让他感觉很吃力。他和妻子两个人每个月的工资还完房贷，再扣除各种生活支出后就剩不了多少钱了。生活质量受到了影响，这让杨东平很苦恼。

后来在一次同学聚会中他从一个老同学那里学到了以房养房的好办法，具体就是把自己多余的房子租给别人，用房租还一部分贷款。杨东平觉得这样的办法不错，可以减轻自己的还款压力，于是他就说服妻子把自己家的次卧租给了从外地来郑州打工的一对夫妻，用他们的租金来还贷款，这样一来，杨东平的还款压力就轻了很多。

生财有道

现实生活中很多面临着还房贷压力的人都采取了和杨东平相同的办法——以房养房。不过“以房养房”这样的投资方式并不是万无一失的，凡是投资就必然存在着风险。具体都有哪些风险呢？

1. 房产落后风险

房产也有一定的“保鲜期”，和新建的房子相比，旧房子的折旧率会与日俱增。房产发展总是不断地向更合理的设计、更新的建筑材料设备和更符合时代需求的方向发展。因此，建造时间比较久的房产可能需要承受因为房产落后而导致的租金和价值下降的风险。

2. 公共环境风险

房产的具体价值与其所处的公共环境和人文环境的好坏也有着密切的关系。公共环境风险是指如果房产周围的市政规划导致房产所处地区的环境发生了变化，或者说其他地区的相对发展而导致自己房产所处地区显得停滞不前都会对房产价值构成风险。

除了公共环境会对房价构成风险外，不同的人文环境也会影响房价。如果你的房产所处地区学校的教育质量相对较好，那么这个地区的房价就会相对较高。如果人文环境不好，那么这个区域的房产就一定会贬值。

3. 按揭还贷风险

按揭还贷的时间通常都比较长，很容易出现很多不确定的因素。比如银行加息、房贷利率调整、家庭收入下降、房产出租收益的减少、楼市突然下跌等因素都将对以房养房产生影响。如果还贷金额占收入或是资产的比重比较大，一旦出现意外情况就会导致还贷困难，房产就有被银行收走的风险。

4. 租客道德风险

采用以房养房的方法时还需要承担租客的道德风险，在寻找租客的时候，要通过检查身份证、和租客交谈等方式去了解租客的道德修养和个人素质，签订房屋租赁合同前需要对物业管理费、租期内房屋设施损坏赔偿等容易引起纠纷的内容认真商讨后加以确认。另外，还要到相关部门办理合同备案，万一和租客发生纠纷，房东可以得到应有的法律保护。

理财小测试：看看自己是个怎样的理财人

假设有一天你走在大街上，快到尽头时，突然看到一座高耸的围墙。你靠近时发现围墙上有一个孔洞，你按捺不住好奇心凑上去看，你觉得通过孔洞将看到的场景是：

A. 一对男女在谈情说爱。

B. 看到一栋富丽堂皇的大宅邸。

C. 没有边际、郁郁葱葱的大花园草坪。

D. 正对着你虎视眈眈的警卫员。

答案解析：

A：你是一个标准的乐观主义者。因为面对投资的诱惑，你一定会仔细审核自己的致富目标是否切合实际，是否在你的能力范围之中，是一个喜欢把财富掌握在自己手中的人；而且致富以后，你倾向于利用金钱改善生活，对生活质量有高追求。

B：你是一个金钱的崇拜者，总在憧憬着奢华的生活。你的赚钱目标是客观的，你总会有办法达到致富的目标。

C：你是一个很现实的人，目标总是很客观，容易实现。在理财方面，这种性格让你拥有稳扎稳打的优点外，也让你容易前怕狼后怕虎，如果你能再多一点闯劲的话，那就更完美了。

D：怯懦是你给人的第一感觉，所以做起事来都是谨慎恐惧，唯恐出错。适合做与会计有关的工作，你可能不会发大财，原因是你怕冒险，怕钱多了会有新的麻烦。你的生活平稳安宁，无论是生活目标还是理财目标对你而言都是很现实的那种。

第10章 二十几岁应该了解的收藏投资常识

俗话说："盛世藏古董。"在和平年代，收藏艺术品是一种有益于身心并极富前景的投资方式。精美的收藏品可以为拥有者带来美好的享受，使生活更加充实和更富情趣。收藏不仅是一种陶冶情操的方式，还是一种保值增值的理财方式。只要眼光独到，一夜暴富在收藏界并不是奇迹。

什么是艺术品收藏投资

艺术家通过审美创作活动所生产的产品就是艺术品。投资收藏艺术品不仅能收获一份艺术的美感，而且可获得其增值后的收益。艺术品收藏是投资的前提，做好投资必须要懂得收藏。

财里财外

收藏是将一些有价值的珍玩收藏起来的行为。收藏有六大忌：一忌缺乏恒心，朝三暮四；二忌好高骛远，门类求全；三忌优柔寡断，丧失良机；四忌粗心大意，盲目购进；五忌玩物丧志，影响本职；六忌不遵法规，不讲道德。

生财有道

收藏投资艺术品有诸多的优点，但也不是尽善尽美的，艺术品的价值升值有时需要经历一个漫长的过程，在没有形成市场之前，升值都不会很快，一般都是几年，甚至几十年的等待。如果投资者没有耐心，想要追求短期效益，就不适合做艺术品收藏投资。

收藏投资艺术品包含的种类可谓是五花八门、包罗万象。目前，收藏投资市场上大体有以下几类。

文物类：历史文物、字画、碑帖、拓本、雕塑、铭刻、器具、民间艺术品、文具、文娱用品、工艺美术品、革命文物及外国文物等。

陶瓷类：陶器、瓷器、紫砂陶等。

珠宝、名石和观赏石类：珠宝翠钻，各种砚石、印石，以及奇石与观赏石。

钱币类：历代古钱币及现代世界各国货币。

邮票类：世界各国邮票及与集邮相关的其他收藏品。

文献类：书籍、报刊、档案、照片及影视剧说明书、海报等各种文字资料。

票券类：印花税票、奖券、门券、商品票券、交通票证、月票等。

商标类：火花、烟标、酒标、糖纸等。

徽章类：纪念章、奖章、证章及其他各种徽章。

绘画类：国画、油画、水彩画、水粉画等。

投资收藏艺术品与其他投资方式有很大不同，艺术品收藏投资有以下特点。

（1）艺术藏品的价格和流通历来不受政府的干预；

（2）艺术品收藏可以零存整取，即便金融界发生大的风波，艺术品收藏所承担的风险也是最小的；

（3）在艺术品收藏市场上，最优秀的艺术品永远是稀缺的，后入市者只能从先入市者手中购买；

（4）可以零散投入，零散转手，整体风险低，回报率高；

（5）娱乐性强，收藏与赏玩两得益；

（6）流通区域更广，变现容易，可控性强，没有折旧。

艺术品收藏投资有哪些步骤

投资者在收藏投资艺术品时还需摆正心态，藏出特色，选择时机，不随波逐流，这样才有可能使自己的收藏保值增值。同时，只有不急不躁地面对眼花缭乱的收藏品市场，才能避免在过热期以高价买进艺术品，把自己的投资利润透支给卖家。

财里财外

艺术品的投资者大致分为三类：一是拥有雄厚资金和高端“学术智囊团”支持的企业家；二是纯粹以赚钱为目的入场，将艺术品当股票的“艺术投机者”；三是以人文艺术为依托点的投资者。在这三类中第二类居多，买画的人是有钱的人，但有钱的人并不一定等于有很高艺术修养的人，他们要按自己的欣赏习惯、特殊需求，甚至图个吉利买画。所以他们只注重交易而不注重培育艺术原创生态。

生财有道

艺术品收藏投资是一门学问，要想成功投资，就要多学习收藏知识。对于二十几岁的新手来说可以按照以下步骤进行学习。

（1）搜集资料：确定好收藏什么后，就要找相关方面的书籍和资料来看。比如要收藏陶瓷类，就可以找《中国陶瓷史》，将陶瓷搞清楚。

（2）广交师友：认识一个收藏界的好老师或好朋友以迅速入门。如果这位朋友是专业人士，那对自己会更有帮助。

（3）多看少动：刚进入收藏市场的新手不要盲目下手。可以多观察、看实物真品，积累鉴别经验。

按照这些步骤循序渐进地学习，经过一定时间的累积，就有可能在艺术品市场斩获收益。在实际收藏投资的过程中，投资者还应注意如下几点。

（1）量力而行：将收藏和投资艺术品看作是一种乐趣，绝不能把这种乐趣变成一种负担，要结合自己的经济状况量力而行。

（2）耐心坚持：收藏和投资艺术品是一个长期的过程，不可特别急切，否则不仅不能获得丰厚回报，还容易错买一些赝品而造成损失。

（3）自信：对有价值的艺术品一定要有自信，同时对喜欢的收藏品绝不人云亦云，不自信是投资收藏的大忌。

小心艺术品收藏投资的误区

艺术品收藏不等于艺术品投资，收藏是投资的前提，要想做好艺术品投资必须要懂得收藏。收藏艺术品普遍存在一些误区，其中有很多都是一些新手投资者容易犯的错误，为了避免自身发生类似情况，投资者需要加以了解，引以为戒。

财里财外

某日上午，一位老伯匆忙地赶到银行，准备汇款1000元现金，并要求工作人员在汇款成功后，帮忙激活一张五万元的支票，警觉的工作人员立马发现了问题。因为老伯所持支票制作非常粗糙，背面也不像真支票一样有背书。工作人员当即将老伯请到理财室进行详细询问，并拿出了一张真支票进行对比。就在这时候，老伯又接到一个电话，对方一直询问老伯汇款是否已经完成。工作人员随即抢过老伯的手机，展开质问，对方马上挂断了电话。这时，老伯才恍然大悟。

原来，老伯酷爱收藏，不法分子获悉后投其所好，以“上海收藏家协会”名义给他赠送了一些小收藏品，博取其信任，并以快递到付的方式向老伯收取了880元入会费。之后，又邮寄了这张面额五万元的假支票，作为“奖励”。民警提醒，如果收到支票奖励等信息，一定要跟警方联系，也可以到银行咨询，千万不要相信天上会掉“馅饼”。

生财有道

总体而言，艺术品收藏要注意以下这些误区。

1. 求全误区

新手收藏者普遍都有一种求全的心理。无论是品种、题材、单件都想全面完整，一味贪多求全，而这样只能导致精力分散，财力不足，藏品难精。因此，投资者应该有针对性地选择某一类艺术品进行收藏。

2. 求“老”误区

很多收藏爱好者认为，年代越久的收藏品就越值钱。其实不然，艺术品的收藏价值主要体现在历史文化价值、稀有程度和工艺水平上。比如有数千年历史的高古陶器，由于存世量大、制作粗劣，其价值远远低于后世的一些精稀藏品。

除了以上两个最普遍的收藏误区，一些投资者还会犯如下几种错误。

（1）迷信专家；

（2）盲目跟风；

（3）贸然投资；

（4）浮躁冲动；

（5）患得患失。

收藏投资须谨慎，稍有不慎会满盘皆输

如今随着我国经济的快速发展，人们的文化水平不断提升，收藏逐渐引起了更多人的兴趣。但业内人士强调，这一新兴市场“风险暗涌”，入市务必谨慎。对于二十几岁的新手投资者来说，只有虚心学习、才能不断提高自己的鉴藏水平，防止自己上当受骗。

财里财外

华尔街有句名言："行情总在绝望中诞生，在半信半疑中成长，在憧憬中成熟，在希望中毁灭。"收藏也是如此，有一夜暴富的奇迹，也有一夜赤贫的风险。美国某家杂志在1996年评出了"艺术收藏家TOP200"，到2006年，其中的122人已经从榜单中消失，61%的淘汰率大概足以说明收藏的艰难。有人说，在今天的收藏市场中，加上一个零或者去掉一个零都是一件十分容易的事。如何让自己的藏品避免一夜之间被去掉一个零，成了现在众多收藏家都需要做的功课。

生财有道

具体来说，投资收藏有以下这些风险。

（1）品相风险：有字的甲骨文片价值千万，裂纹疑似字的甲骨文片价值千元。

（2）假货风险：青铜器是商周的，但是很有可能是上周的。

（3）套利风险：所有人都期待套利，也就意味着所有的人都被套着利。

（4）价格风险：90%的国宝都是炒出来的，天价交易背后内幕深深。

（5）保管风险：出土了的兵马俑不断风化，就连国家保管都解决不了。

这些风险是投资者在收藏过程中要牢记的，只要足够谨慎，这些风险都是可以避免的。其中，套利风险是由于目前古玩市场不健全，买与卖之间并不都能做到公平、公正地交易，很大程度上就要看投资者对市场的认知程度了。

了解收藏市场的人都知道，在这个市场里到处都是“捡漏”与“打眼”的故事，因此要想在收藏领域里有所收获和成就，一双“慧眼”是必不可少的，然而“慧眼”不是一朝一夕练成的，而是通过不断学习、总结经验后才能练就的。

投资收藏需要掌握的操作要点及原则

艺术收藏在我国受到众多艺术品爱好者的喜爱。收藏艺术品不仅能体验艺术品带来的美好感受，还是一种增值、保值的投资方式。艺术品收藏投资与其他投资方式有许多相似之处，也存在着不同，掌握一些基本技巧和原则是关键。

财里财外

有一名二十几岁的女士喜欢收藏，但又缺乏收藏鉴别知识，结果她被卖假货者用演“双簧”的伎俩欺骗，以2万元买下一枚“蓝军邮”珍品，并以为捡了便宜。后经专家鉴定，原来这是枚假邮票，分文不值。

由此可见，任何投资都有风险，收藏也不例外。“1997年的时候，我收紫砂壶；2000年开始收画；后来喜欢上红木，也去淘，兴起时自己跑到海南的霸王沟那边找木头……玩着自己家里的，看着别人手里的，辛苦了十多年，突然发现，钱花了无数，手上东西留了不少，自己却越来越穷了……”这是一位执迷于收藏的朋友说的一番话。当年头脑一热收紫砂壶就是因为听人说这个赚钱，只是他没想到，只过了一年，行情就下来了，他收的数十只名家紫砂壶就这样一夜之间缩水一半。

生财有道

艺术品的投资，需要投资者有过人的智力水平，这主要表现为多方面的才能与胆识。那么，私人收藏艺术品应掌握什么原则呢？

艺术品种类众多，投资者不可能面面俱到地去收藏所有门类的艺术品，这样也不切实际，因此该如何进行收藏投资，可以通过以下几条原则来确定。

熟悉：初入收藏市场的人最好选择自己比较了解的藏品，以便日后收藏时能够对所选藏品的质量好坏、真伪、收藏价值、未来走势等做到心中有数，否则就有可能投入了资金却没有收获，甚至亏损。

有兴趣：选择自己感兴趣的艺术门类。若是对所选投资收藏品感兴趣，就会更愿意花费时间精力去学习研究，这有利于加大投资的成功率。

欣赏价值：随着人们欣赏水平的提高，对艺术的享受和追求也日益强烈，因此一些有欣赏价值的东西，都可以收藏。

确定主题：要选定一个收藏的主题。若藏品的面太宽太杂，那么收藏者无论在知识、精力和财力上都将难以满足要求，反而造成负担。

从小到大、由粗到精：初入藏市，不要投入过多资金或选择太多藏品，而应该循序渐进地边实践边学习，稳扎稳打才能最终获得更好的收益。

了解了艺术品收藏投资的原则后，就要按照这些原则进行操作，这样才能少走弯路。

投资收藏市场，目的自然是为了获利，那么在选择艺术品时，就要考察其是否具有收藏价值，这就要求投资者需要了解影响艺术品的价值因素有哪些。

邮票，胜过股票的增值之选

邮票，首先作为邮资的等价物，具有使用价值；同时，作为一件艺术品，又具有欣赏和收藏价值。邮票的这一双重价值决定了它可以作为一种投资工具。邮品投资对象不仅只包括邮票，还包括与邮票有关的首日封、邮戳及集邮文献等。

财里财外

1980年的时候，小郑和小刘是同事，都住在单位的宿舍楼里，二人还是邻居，关系很密切。小刘平时喜欢收集邮票。这一天，他兴冲冲地冲进小郑家，从黄书包里掏出一沓邮票说："你看这几张猴票，非常有纪念意义，你也买几张吧。今年刚好是猴年，以后肯定会升值的。"

小郑接过一看，邮票的图案是一只黑不溜秋的猴子，无论是设计还是制作都算不上特别精美，就漫不经心地说："这也没什么特别的呀，买两张随便用用也行。"

小刘说："既然你想买，就都给你，这是10版。"

小郑吓一跳，这一版邮票80张，每张8分，10版就得64元。他每月工资才23元钱啊。如果全部买下来的话，可是三个月的工资啊，在这三个月里拿什么来吃饭？

于是小郑坚决不买了，小刘只好说："兄弟呀，那我就只好自己全留着了，到时你可别怪兄弟没告诉你呀。"

小郑说："我还要吃饭啊，兄弟，你不是头脑发晕吧？买这些东西又不能当饭吃！"小刘只好摇摇头回家了。

几年后，小郑偶然间才知道，当年那些猴票今天每张的价值已经是3000元，而那些品相好些的全版猴票，每张的标价能达到18万元！那当年小刘的那10版该值……天哪！他不敢想了……怪不得小刘早搬进了洋房呢！想到这里，他后悔不已，于是他决定也开始投资收藏邮票。然而，投资就必定会存在风险，他觉得要先向小刘取取经。作为好兄弟、好朋友，小刘把自己这几年的投资心得都告诉了他。

生财有道

面对种类繁多、题材丰富、设计精美的邮票，在投资前一定要认真挑选品种。一般来讲，1991年之前的老纪特邮票存世量少、消耗很多，因此，老纪特邮票的价格都较高，保值、增值比较稳定，受市场波动影响较小，是长期收藏投资群体的首选。此外，小型张和JP邮资片及小本票也是投资收藏选择的对象。这三大版块群众基础广泛，尤其编年型张和JP邮资片不少还处于打折票的范畴，具有强大的潜力。

另外，在投资理念上一定要明确，避免跟风炒作新邮。在不影响正常生活的条件下，适当投资邮票，如果没有绝对把握获利的情况下，切忌负债投资邮票。

玉石翡翠，投资收藏的不二之选

翡翠是玉的一种，翡翠自古以来就深受珠宝爱好者追捧，质好色佳者更是被皇家所典藏，其观赏和收藏价值可见一斑。高端翡翠由于其稀有性更是极具投资价值，而且近年来的市场行情稳步上升。

财里财外

翡翠是玉中极品，在玉石收藏范畴中，翡翠被公认为价值最高，最具投资和收藏价值。“翡翠”一词原是鸟的名称，《说文解字》：“翡，赤羽雀也；翠，青羽雀也。”翡翠是商业名称，具有历史性和专属性。从岩石学角度来定义翡翠应为：具有工艺价值和商业价值，达到玉石级的硬玉岩或绿辉石岩。翡翠的产地有缅甸、日本、危地马拉、俄罗斯等，但真正达到宝石级大规模开采的只有缅甸北部一带。翡翠玉器作为中国玉器文化的重要组成部分仅有几百年的历史，从清代开始流行并达到鼎盛，特别是在清代乾隆年间，翡翠已成为皇家的上等贡品，被制作成祭祀用品、装饰品等被王公贵族们争相收藏。等到了近现代，随着人们收入和生活水平的提高，对于珠宝首饰的需求不断上涨，深邃晶莹、独具东方神秘气质的翡翠就受到了重视，再伴随着开采、加工价格的上涨、翡翠本身的不可再生性，翡翠的价格也水涨船高。

生财有道

翡翠在清代极为珍贵，多为帝王富豪所拥有。时至今日，翡翠仍是珠宝中的上品之一。珠宝市场上充斥着各类翡翠赝品，投资、选购翡翠应遵循以下几条基本原则。

（1）辨识色泽。翡翠基本色有各种深浅的绿、红、黄、白、紫、灰、黑等颜色。翡翠的佳品一般具备以下条件：①颜色浓度深，但是很明亮；②色泽均匀和润，通体一致；③色彩纯正，无任何异色；④色泽艳丽而明亮，无阴沉色。

（2）辨识质地和透明度。翡翠的质地以通、透、水、莹为佳，其中以晶莹剔透为最佳。透明者俗称“玻璃种”。

（3）辨识形状。一般来说，磨成椭圆形即蛋面形的翡翠价值最高。

（4）辨识声音。将两块玉轻轻地互相敲击，如果发出的声音清脆悦耳，则表明此玉质地坚硬，无裂缝。

（5）将玉石在光线下照看。真玉一般都不反光，在灯光或日光下照着看，可以清晰地看见玉中的杂质、杂色和裂纹，由此也可判断出玉石的质地优劣。

（6）辨认翡翠赝品的工具和方法。识别翡翠是真品还是赝品可以借助以下工具：①滤光镜。如果是染色玉，在滤光镜下颜色会变红。②分光仪。染色玉在630~670mm的光谱吸收带，会呈现一黑色带。③放大镜。在放大镜下，我们可观察到染色玉的纹色集中在玉石的四周。

（7）为了避免购买到翡翠赝品，最好去信誉度较高或是比较熟识的珠宝店去选购，同时切忌贪小便宜，俗话说“一分钱、一分货”，便宜货绝对不可能是佳品。

钱币投资，让“私房钱”变“小金库”

古钱币，顾名思义就是指古代货币。中国古钱币源远流长、品种纷繁，具有很高的收藏与投资价值。然而，并不是所有年代越古老的古钱币就越值钱，年代较近的古钱币里也不乏价格十分昂贵的。

财里财外

张先生平时喜欢收藏各种古钱币，经常去一些古玩市场上淘货。一次，他在市场上无意发现了“明刀”。这可是战国时期燕国的货币，距今已有2000多年，可谓年代久远。张先生很兴奋，觉得自己发现了宝贝。于是以1000元3枚的价格买回了家。他觉得自己捡到了宝贝，很开心地向朋友炫耀。朋友认识一个收藏方面的专家，张先生就把自己淘到的这3枚硬币带给专家看，想看看自己赚了多少。让张先生吃惊的是，专家给出的答案竟然是他被骗了。

张先生不相信地说：“我对古钱币也还是有些研究的，这的确是战国时期的货币啊！”专家笑着回答道：“这的确是‘明刀’，但它不值这个钱。一枚‘明刀’不会超过100元的，你用1000元买了3枚，那不是被骗了吗?”

原来收藏古钱币并非是年代越久远就越值钱，而是取决于古钱币存世量的多寡。“物以稀为贵”这条原则尤其适用于古钱收藏。历史上有些朝代比较强盛，数十年甚至几百年发行单一品种的钱币，故这类古钱的数量十分巨大；而有些短命王朝刚试铸了一些样币即被改朝换代，这类古钱的数量自然就很少。

生财有道

比如2000年前的汉朝货币“五铢”以及1000多年前的唐朝“开元通宝”其价格就很低，在钱币市场里几角钱即可买上一枚。而100多年前问世的清代钱币，不少品种都能高达上万元，如“祺祥重宝（1861年铸）”、太平天国起义时所铸“天国通宝”，等等。

古代钱币的价值不单体现在年代久远，还体现在其他方面，那么如何鉴别其价值呢?

一看历史价值。珍稀古钱币是货币历史的实物，更是历史的见证。因此在收藏前必须弄清它在历史上的地位。由于流通时间短、发行量少，大多是不可多得的珍品。

二看现存数量。存世稀少，价格就会昂贵些；就算年代久远，但存世颇多，价值就上不去。韩、魏、秦等国的布币等年代久远，比圆形钱稀少，因此价格就相对昂贵。

三看文化价值。一些传世并不太少的品类，因为其文化品位、艺术价值极高，所以就备受青睐。

四看品相。无论钱币珍稀与否，若币面模糊、轮廓缺损、锈蚀严重、看相较差者，皆不适宜收藏。

收藏古钱币时还应注意是否有月纹、星纹等标识。古钱的鉴别以背纹来区分铸造年代和地址，品评其稀珍，判断其价值。一般来说，钱币背面有月纹、星纹等记号的要比背部光面的更有收藏价值。值得收藏的钱币中，用金、银、白铜等精制而成的宫廷钱币，铸量少、质量佳，属珍贵文物。

理财小测试：从喜欢的收藏看投资性格

古董经历了千年的岁月，见证了历史，也在当今见证着曾经辉煌的技术和一个国家博大精深的文化。收藏古董是一种修养，也可以看出一个人是否懂得欣赏价值。

假如有气质又有钱的你想要参加国际拍卖会，收购一些中国的古董文物，让自己附庸风雅一番，你会打算先收藏以下哪一类的古物呢？

A：陶瓷

B：玉器

C：佛像

D：书画

答案解析：

选A：你善守中庸之道，希望和朋友的交往有节有度，不会太过亲昵，也不会太疏远。在投资方面，你是一个冒险型的人。

选B：你喜爱玉石的温润质感，也希望自己具备君子之风，处处都能表现高雅的气质和生活方式。朋友很喜欢和你亲近，希望能沾染一点你的脱俗风雅气息。在投资方面，你会选择收益高且安全的产品。

选C：人人公认你是好好人，不太会发脾气，所以和你在一起的时候，不会感到太大的压力。在投资理财方面，你有自己的主见，能把握好市场行情。

选D：你狂妄的性格总为自己带来一点麻烦，惹得别人对你的死硬脾气有点反感。在投资理财方面你比较理性，中规中矩。

第三篇
二十几岁不可不知的互联网理财常识

第11章 二十几岁不可不知的网上理财常识

二十几岁的年轻人乐于接受新鲜事物，思维活跃。互联网的广泛传播，让年轻人掌握的信息也是越来越多，但是在社会就业压力这么大的情况下，一些现实情况也困扰着年轻人。为了实现财富的增值，为了自己心中那不灭的梦想，他们积极寻找出路。网络理财的悄然崛起，逐渐成了年轻人财富增值、实现理想的一种方式。

互联网时代，别让钱“躺”在钱包里

互联网金融是传统的金融行业与互联网精神相结合的新兴领域。互联网金融将是传统金融的有效补充。互联网金融的发展，极大地冲击了人们投资理财的方式，引领我们走向互联网理财的新时代。那么，你的资金搭上互联网理财的“快车”了吗？

财里财外

互联网与金融联姻，最大的受益者无疑是普通大众。尤其是站在投资者的角度来看这个问题，学金融就是为了投资，而互联网使投资理财更多样化、简单化。自从有了互联网金融，很多投资者在理财的理念和方向上，都产生了重大的变化。

1988 年出生的小王，在北京三环内某高档酒吧工作，月薪万余元，可除去房租、吃喝以及其他日常开销，只有 3000 多元钱的剩余。不过，他十分善于理财，会定期把这些钱存进银行，定期 1 年或 3 年，年利率在 3%~3.5%。

2013 年上半年，“余额宝”刚上线，一直有着超强理财嗅觉的小王就感觉到机会来了，便果断拿出 2 万元存进“余额宝”。他也算是最早使用“余额宝”的潮人之一，在最初几个月内利率最高达到 7% 以上。

生财有道

让你的钱“活”起来，比“死”在钱包里更有意义，也更有必要。移动互联网到底带来了哪些理财工具，它们都有什么令人着迷的优点呢？

在众多理财工具中，首先出现的是支付宝里以“余额宝”为首的“宝宝们”的出现。这类理财工具门槛低，开创了理财“从零开始”的局面，而且收益基本上都高于银行活期存款利率，又可以随存随取，简单方便又灵活。借助互联网的便捷，这些“宝宝”类理财产品被迅速传播，尤其受到了年轻一代的追捧。

传统的以银行为主的低利率、信息闭塞的理财方式会受到重创。无论是收益还是方便快捷性，理财者都会倾向于网络理财方式。腾讯QQ推出的“财付通”，将理财与互联网、资讯、通信等融为一体，是一种立体化理财工具，受到众多年轻人的认可和追捧。

任何受广大用户追捧的产品皆源于需求。各种互联网理财APP的出现，也是因需而生。未来的理财市场将被它们占据，也将是时代发展的大势所趋。各位投资者，你还在等什么？不要让钱包里的钱再沉睡了！

网络理财，年轻人的首选

随着“互联网+”模式的兴起，网络理财的“互联网+”模式也迅速发展，成为现代年轻人积累财富的有效手段。进行得热火朝天的网络理财之所以受到大批年轻人的青睐，就是因为网络理财的特点符合当代年轻人的理财习惯。

财里财外

网络理财服务与传统的理财服务相比，节省了大量的运营成本，使服务供应商能够不断地提高服务质量和降低服务费用，最终使投资者受惠。首先节省的是设立庞大经营网点的费用；其次大幅度节省了通信费用；另外，还整合了数据等资源，优化了工作流程。数据统计显示，一般新建一家营业部需一次性投资500万~2000万元不等，日常营业费用为每月25万~80万元，而发展虚拟的网上理财网站的投资仅为其1/3~1/2，日常费用更是只有其1/5~1/4。

生财有道

新兴的网络理财模式的优越性让很多二十多岁的年轻人纷至沓来。这种新兴的网络理财模式到底具备哪些召唤的魔力呢?

第一，门槛低。没有几年的资金积累，很少有人拿得出十万八万来投资理财的，尤其是对刚步入社会的大学生，银行高额的理财费用让很多理财者望而却步。然而，网络理财方式正好弥补了这个缺点，不需要很高成本的小额信贷，一笔资金可以同时拆借给几个不同的理财人，既降低了投资风险，又降低了投资额度。

第二，操作简单。并不是所有人都能对理财“指点一二”的，没有接触过理财的人还是占很大比重的，但是他们又有理财的愿望。网络理财操作简单，正适合这些不太精通理财的人群，他们自然对这种简单易操作的理财方式投怀送抱。

第三，收益高昂。理财的最终目的就是为了收益，当然越多越好。网络理财就是一种收益高昂的理财方式，正中理财者的下怀。网络理财本身是一种债权关系，理财人的收益即借款人的借款利息，除了需要支付给网络理财平台少量的服务费用之外，理财人几乎可以拿到所有的理财收益，因此网络理财收益通常可以超过10%。

凭借这些优势，网络理财的方式广泛被普通大众接受，使每一个普通大众都能享受更快捷、更优质的金融服务，拥有一个财富保值增值的最佳通道。

了解网络，网上理财的第一步

在互联网时代，金融与互联网不期而遇，就像火星撞地球一般迸发出剧烈的火花。互联网金融依托第三方支付、云计算、各类网站等互联网参与方，让用户轻松实现融资、借贷等业务，为投资理财开创了前所未有的美好前景，同时也颠覆了传统投资理财的方式、方法，甚至观念。

财里财外

2013年，以余额宝为代表的各种“宝宝”们的出现，冲击了传统金融市场，实现了一元起步的“零花钱”理财模式。即使你只有一元钱，只要放在“宝宝”里，就可以获得相应的收益。这些“宝宝”们的收益要高于传统的银行活期利率，且存取方便灵活，门槛低。与动辄5万元起步的银行理财产品相比，互联网理财产品显然更加亲民，更具有草根精神，更符合和尊重普通大众的需求。

生财有道

互联网的精神是开放、自由、共享、平等，这与传统金融业复杂化、精英化、中心化的特点相比具有很大的不同。互联网金融正是发扬了互联网精神的精髓，开创了全民理财的普惠金融新时代。

1. 高收益 VS 高风险

传统金融界流传着这样一句至理名言：高收益伴随高风险。果真如此吗？高收益必定会有高风险？鱼与熊掌不可兼得？

互联网金融下的投资理财颠覆了这种观念，在一定程度上实现了高收益、低风险的理想状态。这种可能性是基于互联网投资理财平台依托互联网的大数据挖掘和精准分析，能够有效甄别个人或者团体的信用度，把线上每一个用户的数据，动态地、相关地联系在一起，这是传统金融机构分散的、隔离的、静态的数据无法相比的。

这种大数据管理能够有效判断每一位用户的信用，一旦发现有违背信用的现象，能及时给予相应的警示，做好预防措施，从而让坏账、跑路现象降到最低程度。因此，在同等条件下，互联网金融产品能比传统金融产品获得更多的收益，降低更多的投资风险，从而实现用户高收益、低风险的梦想。

当然，互联网金融投资理财也存在不可避免的风险，理财投资不能一味追求利益，风险因素也是必须要考虑的。

2. 平台透明化

互联网投资理财平台透明化，主要表现为信息透明化。这种特性使得线上与线下的信息交流及时对称，用户可以随时随地查看自己的资金变化、涨跌信息、利率高低、收益波动。互联网投资理财平台还十分注重用户体验，致力于让平台实现绝对的公平化和透明化。

在这些投资理财平台上，你可以看到每天的收益与利率变化，以及资金流向等信息，让用户有种把钱牢牢握在自己手中的安全感。

互联网时代的投资理财，从观念、方式、渠道、技术等方面颠覆了传统投资理财，让普通老百姓也能玩转金融，轻松实现投资理财，这不得不让我们感慨：这是一个伟大的时代！

互联网精神，开辟投资理财新未来

互联网金融是基于互联网精神的金融服务，互联网精神包括开放、共享、普惠、平等等各个方面。互联网金融的发展践行了这些优秀品质，开辟了金融业的新未来，互联网投资理财亦是如此。

财里财外

互联网投资理财是以每一个客户为中心、以人为本、服务至上的金融服务。传统金融是精英化、中心化、神秘化的，制造信息不对称，然后通过利差来赚钱。由于其理财门槛较高等诸多限制，造成主要是服务于小众群体。

基于互联网精神飞速发展起来的互联网金融，天生就具有服务大众的能力，并且不断对此进行优化，深挖客户的需求点，开创了投资理财的新时代与新未来。

生财有道

互联网投资理财真正做到了“以人为本”，其实质与互联网精神是一脉相承的。

首先就是投资理财的普惠性，即服务于广大民众的实惠型投资理财。这一点主要体现在互联网投资理财产品种类多、资金限制少、准入门槛低、收益相对较高等方面。普惠与特权相对，投资理财是每一个普通人都能做的事情，而不仅仅是精英阶层的特权。互联网时代的理财产品，应该是真正为每一个大众量身设计的，要放低姿态，迎合所有人的需求。

其次就是开放共享性。互联网时代是一个信息共享时代，大家平时发微博、说说、刷朋友圈等，都是在做一件事——分享，互联网金融同样拥有这种特质。在云计算、大数据等强有力的支撑下，资金供需双方的信息可以得到很好的监视和传播。然后经过后台梳理，形成每个人独有的信息序列，做到供需信息及时对称，打造一个更开放、更透明、共享的投资理财平台。

最后，互联网投资理财的“以人为本”，还体现在能随时随地给用户带来精神上的愉悦。举一个简单的例子，购买过互联网理财产品的人可能都会深有感触，每天看到自己的钱一点一点地“长大”，哪怕只是几块钱，这种参与感带来的小幸福也是溢于言表的。

互联网金融在改变我们投资理财方式的同时，同样也带来了相应的风险。互联网金融进入大众视野之后，像飓风般席卷了中国金融市场。对于其发展的势头与走向，不仅大众看起来有点儿云里雾里，甚至有时连政府都采取了“让它再刮一会儿”的看客姿态。

互联网金融监管体制目前并不健全，更缺乏法律上的约束。因此，普通民众在参与互联网理财时，还要有风险防范意识，切记投资界那句名言——“投资需谨慎”。

冷静看待如今互联网金融的迅猛发展之势，互联网理财产品带来的暂时性低风险和高收益并不是其存在的价值所在。当然，这里并不否定理财的本质就是让资本创造更大的价值，而是具有互联网精神的互联网金融对传统金融的冲击与其引发的金融风暴，以及真正服务大众的、以人为本的意识，这比短暂的高收益更值得我们欢欣鼓舞。

抓住互联网的理财机遇

互联网金融的本质事实上依然是金融的本质，只不过加上了互联网，与传统金融行业一样，互联网金融也负责使资金在供求双方之间融通起来，只不过融通的渠道不再是传统的金融机构，而是互联网。

财里财外

互联网金融门户是指利用互联网进行金融产品的销售以及为金融产品销售提供第三方服务的平台。它的核心就是“搜索比价”的模式，采用金融产品垂直比价的方式，将各家金融机构的产品放在平台上，用户通过对比挑选合适的金融产品。

互联网金融门户多元化创新发展，形成了提供高端理财投资服务和理财产品的第三方理财机构，提供保险产品咨询、比价、购买服务的保险门户网站等。这种模式不存在太多政策风险，因为其平台既不负责金融产品的实际销售，也不承担任何不良的风险，同时资金也完全不通过中间平台。

生财有道

如此火热的互联网金融，怎样通过互联网金融赚钱呢？互联网金融将带来哪些赚钱机会？

1. 利用移动互联网的低成本，抢占线下支付市场

传统线下支付一般使用 POS 机，对商家来说费用比较高。如果推广利用移动互联网新的支付方式，采用二维码支付，就可以大大节约支付成本。

2. 为金融机构提供服务

现在不少金融企业都有微信公众平台，这其中需要很多软件技术对接，不少的创业公司，已经在这一领域日进斗金。

还可以为金融机构提供网站的建设和维护，进行APP的研发。最近炒得比较火的就是金融APP软件行业，国内很多金融机构已经陆续出台了一些金融类APP客户端，可以为这些金融企业机构进行APP客户端的开发。

3. 建立有特色的小型金融理财网站

目前这类理财网站已经有很多成功案例。铜板街、挖财等，都在基于APP、微信公众号，通过切入基金、记账、移动授信取现等方式来笼络住一批用户。

4. 从互联网金融安全方面着手

（1）为有风险的支付和交易提供保险服务。

（2）对P2P网贷中借款人的资质进行第三方审核。

（3）为投资者进行风险评估，制订投资理财计划。

5. 帮助优质互联网金融产品推广

很多互联网金融行业的新产品虽然好，但是知道的人不多，难以推广。帮助这些优质的互联网金融产品进行推广，也是一个不错的赚钱机会。

6. 移动互联网金融的营销

互联网金融将让原先面向专业人士的投资人，转向了普通的工薪阶层。销售大众型的产品，机会自然多。这其中，以互联网的思维来做营销的机会很多。

7. 赚取广告费

这是传统互联网企业熟知的，即金融机构投往互联网金融网站的广告费。在金融网站上的广告，对于那些主动登录这些网站的网民可谓精准，可以达到较好的效果。

互联网化的金融新玩法

互联网金融目前到底有多少种新玩法，未来互联网金融会创新出多少种玩法，恐怕谁也难说不清，因为互联网金融一直处在不断发展、不断创新中。

一项互联网新技术的应用，或一个金融新品种的推出，都有可能衍生许多种新的理财投资方法。

财里财外

“摇一摇，抢红包”这一场号称全民抢红包的活动，无疑成为了一个新的热点。有网友称，春晚最大的亮点就是抢红包，“我的手都快摇断了”；也有专家出来力挺，“抢红包让春晚突出了互动感、分享感、参与感，让家里显得特别热闹。”

春节期间，向亲人好友发红包是中国人的传统习俗，春节节目组创新性地将这一传统习俗，利用互联网手段，巧妙地嵌入节目之中，以吸引观众注意力、“粘住”观众的眼球，提高平台的收视率和趣味性。这就是人们所说的“眼球经济”。观众看的不仅是春晚节目，还有红包里到底有什么期待，其急切心情甚至比等到零点钟声都强烈得多。

全民参与春晚抢红包，也开启了春晚与观众互动的新纪元。“摇一摇，抢红包”就是互联网金融新招迭出中的一个事例，腾讯“会玩的微信红包”、阿里巴巴有“能购物的支付宝红包”等等。花样百出，让人目不暇接。从春晚利用微信红包迎合观众的心理需求来看，映射出了互联网金融类产品在消费者心目中不容忽视的地位。

生财有道

互联网金融在这片广阔的“蓝海”里，经常推陈出新、产生许多新玩法。每个人要从根本上去理解互联网金融的特性，抓住互联网金融的规律，正确高效地去“玩”，玩出效益、玩出生活的乐趣。

那么，互联网金融理财有哪些新玩法呢？我们列举几个有代表性的玩法简单地进行梳理。

1. 阿里巴巴——告别贷款无门的历史

长期以来，传统银行“嫌贫爱富”，贷款高度集中在国有大型、中型企业。再加上民间借贷和小额贷款公司受资金实力限制，高成本、期限短，微小企业、个体工商户，尤其是个人消费性贷款难的问题始终得不到有效解决，资金短缺一直是制约小微企业正常发展的瓶颈。

阿里巴巴是国内较早办理企业对企业之间进行产品、服务及信息交换的电子商务平台。“阿里小贷”的创新实践始于2007年6月，与建行、工行共推小企业信用贷款。小企业缺乏资金，不需要任何担保、抵押，由三家或三家以上的企业互保即可申请贷款。试运营6周，发放9038笔，累计发放贷款2145万元。此后，阿里巴巴集团成立专业贷款公司，专注阿里巴巴和淘宝平台上小微企业和自主创业者，陆续推出淘宝定单贷款、淘宝信用贷款等品种，最低额度1元，最高50万元。申贷、审贷、定贷、放贷全部流程都在互联网上完成，最短3分钟，最长不超过7天便可以获得贷款。

“阿里小贷”整合了电子商务过程中形成的数据和信用，较好解决了银行对个人和小微企业信息不对称和贷款流程复杂繁杂的问题，“做银行做不到或不想做的事情”，取得了风险控制和资本回报的巨大成功，“鲶鱼效应”发挥了作用，更多的非金融机构跨行际办理小微企业和个人贷款。互联网金融的出现，小微企业和个人贷款不再难，告贷无门已成为历史，为经济发展开辟了新的增长点。

2. 股票配资——融资无法抵押的贷款

一种新型的金融产品在P2P投资理财平台推出，成为投资中成长最快、最为吸引人的项目。成立仅仅两年的“互联网金融超市”深圳金斧子推出股票配资“增财易”。上线短短两个月，已经为1.7万投资人提供实盘操盘资金10亿元。

什么是股票配资？就是为股票投资者提供放大操作资金的业务。道理很简单，当一个拥有技术、头脑精明、经验丰富、精于短线操作的股票高手，突然发现一个赢利的绝佳机遇，却发现自己仓位占满，没有更多的流动资金用于购进股票，眼睁睁看着获取放大利润的机会就要溜走时，可以申请股票配资。网贷平台根据申请者的资产、经验和赢利等情况，为申请者提供一至五倍比例的融资。股票投资者不需要担保、抵押手续，便能在短时间内迅速放大一至五倍的资金量，从而在股票投资中赚取一至五倍的利润。

股票配资看起来很美，像一朵娇艳盛开的罂粟花。它可以让你的收益扩大5倍，一夜暴富；也可以让你的风险扩大5倍，让你赔得精光。

当然，信息社会瞬息万变、新技术日新月异，互联网金融新产品层出不穷，各种玩法不断翻新，只有精通互联网金融，熟练掌握互联网金融技巧的人才能在这片蓝海中乘风远行。

3. 众筹平台——梦想也能变为现实

一个好的创意或一个新颖的设计，如果没有得到有效推广，只能停留在设计者脑海或书案上，无法转化为现实生产力，那才是真正的资源浪费。即便是举世闻名的大音乐家莫扎特、贝多芬，生前也大多是先找渠道，然后再聚精会神创作，所以许多传世名曲才得以名扬全球。随着社交网络的普及，人与人之间的沟通交流变得十分简单，朋友圈、朋友群，人人可以随时交流，每个人的想法和创意都可以迅速得以传播，从而不会再让新思想、新思维和创意者的创意无法面世。

众筹买房，这是多么新鲜的一个点子，但如何让更多的人参与进来呢？有人想到了运用互联网平台。2014年6月，“团贷网”首次推出众筹买房，标的为1400多万元的一幢别墅，起价最低只有1000元。出乎所有人意料，该消息上线不到1分钟，即筹资近500万元，1400万元的众等目标仅仅用了不到一天的时间。

“众筹买房”，换句话说，就是召集互不认识的一群网民“凑钱”买房子。而且投资1000元并不意味着就拥有了房子。为什么如此多的人去投这个钱呢？这就是背后丰厚利润的诱惑，1000元超低的价格无疑是最大的诱惑。每平方米售价比市价低7000元，假如这套别墅在一年内再出售，按照预期的市价年收益率可增长32%。

买房不是目的，让自己通过小额投资与高价位的房子产生某种联系，有了处置房屋的话语权，并从房地产开发丰厚利润中分一杯羹才是真正目的。这就是互联网金融的魅力，它可以让更多人享受到某种精神愉悦和获得一定的利益收入。

适合二十几岁年轻人的理财神器

“会理财不如会赚钱”。很多人都有这样的心理，只拼命挣钱，不会钱生钱。其实挣钱能力和理财能力往往是相辅相成的。没有多少资产的人懒得打理，而有高收入的人往往都有自己的理财方式来打理自己的资产。

财里财外

小陈今年已经26岁，是个北漂，已经在北京工作了4年，目前在中关村一家电脑公司上班，月收入大约6000元。小陈总是自嘲自己工作了这么久还是“月光族”，每月的房租1600元，再加上吃饭、水电费、交通费、应酬、生活必需品，到了月底可不就是“月光族”吗？小陈也很苦恼，想投资理财，好好管理自己的资产。可是，现在热门的银行理财产品最少都要5万元起步，小陈对这方面又是一窍不通，为此很是迷茫。

生财有道

二十几岁的年轻人，经验不足、收入不高，没有足够的理财意识，经常是“花得多、存得少”，因此陷入这样一个尴尬局面。建议这些不善理财的“月光族”们将自己每月的收入分三份管理：生活开支、储蓄金额、投资资金。

1. 第三方支付

第三方支付是指与银行签约的，提供信誉保障的独立机构提供的网络支付交易平台。在网络交易中，买卖双方不是直接交易，而是通过第三方平台提供的账户完成货款的收付。第三方支付给当今时代带来便捷和高效，其中间省去了很多麻烦和不必要的环节，使得买卖双方都能得到满意的服务，这也是第三方支付的使命。目前获得第三方支付牌照的企业累计已有两百多家，有支付宝、财付通、快钱、北京银联、汇付天下、拉卡拉、网银在线、钱袋及盛大支付等。

第三方支付是现代金融服务业的重要组成部分，作为新技术、新业态、新模式的新兴行业，具有广阔的市场需求前景。目前随着第三方支付应用领域的深化和拓展，中国第三方支付行业已经步入了一个新的阶段，线上和线下市场正在通过移动技术、020 等形式不断进行融合。

随着行业的发展，目前第三方支付平台的应用范围也从网上支付、缴费等传统领域，逐步渗透到基金理财、航空旅游、教育、保险、社区服务、医疗卫生等。

2.P2P 网贷

P2P 网贷是一种将互联网、小额信贷等紧密联系的个人对个人的直接信贷模式。目前国内的 P2P 融资平台有投哪网、陆金所、人人贷、拍拍贷等。通过 P2P 网络融资平台，借款人直接发布借款信息，出借人（投资者）了解对方的身份信息、信用信息后，可以直接与借款人签署借贷合同，提供小额贷款，并能及时获知借款人的还款进度，获得投资回报。

P2P 借贷使每个人都可以成为资金的传播者和使用者，借贷交易可以很便捷地进行，每个人都能很轻松地参与进来，将社会闲散资金更好地进行配置，将闲余资金合理地引向众多信用良好且需要帮助的人群。

2013 年以来，以 P2P 网贷为典型代表的互联网金融产业，在普惠金融理念的指导下，以快速、高效、覆盖广的特点，受到众多中小微企业的青睐。2015 年以来，互联网金融产业发展更快，上升为国家战略，P2P 网贷行业迎来了快速发展的黄金期。

3. 票据理财

票据理财是 2014 年新兴的一款互联网理财产品，是一些中小微企业以银行承诺一定会兑现的汇票作为抵押物，通过网络在线平台向广大投资者销售票据理财产品。产品到约定期限后，由银行兑付产品的还款资金，所以被称为“零风险”。目前，宣传收益为 6% ~ 8%、投资门槛最低 1 元，也是比较适合二十几岁年轻人的理财。

票据理财虽说是零风险，但也会出现这种状况：承兑银行倒闭风险、票据的真伪难辨风险、发行平台的信用风险，同时一定要提防“一票多用”的情况。

理财小测试：你适合网上理财吗

请回答下面的问题，用“是”或“否”来回答。

1. 在买东西时，会不由自主地算算卖主可能会赚多少钱。
2. 如果有一个能赚钱的项目，而你又没有钱，你会借钱做投资。
3. 在购买大件商品时，经常会计算成本。
4. 在与别人讨价还价时，会不顾及面子。
5. 善于应付突发事件。
6. 愿意下海经商而放弃拿固定工资。
7. 喜欢阅读商界人物的经历。
8. 对于自己想做的事，就坚持不懈地追求并达到目的。
9. 除了当前的本职工作，自己还有别的一技之长。
10. 对于新鲜事物的反应灵敏。
11. 曾经为自己制订过赚钱计划，并且实现了这个计划。
12. 在生活或工作中敢于冒险。
13. 在工作中能够很好地与人合作。
14. 经常阅读财经方面的文章。
15. 在股票上投资并赚钱。
16. 善于分析问题。
17. 喜欢从宏观角度考虑问题。
18. 在碰到问题时能够很快地决策。
19. 经常计划该如何找机会去挣钱。
20. 做事最重视的是达到的目标与结果。

答案解析：

回答“是”计1分，答“否”计0分，累计得分。

如果你的得分在12分以上，意味着你已经具有一定的赚钱心理基础了，可能你还具备了较强的赚钱能力，你可以考虑选择一个互联网理财项目大胆地去干。

如果你的得分在12分以下，那么，你在准备投身于网上理财之前，不妨再学习一下投资技巧吧。

第12章 二十几岁不可不知的众筹投资常识

众筹是最近几年才火爆起来的一种互联网融资模式，具有门槛低、多样性、依靠大众力量、注重创业等特征。本章将带你走进众筹，体会“众人拾柴火焰高”的魅力。

现代化众筹，投资理财新热潮

众筹，简单地说，就是大家合伙一起来筹钱，然后再用这些钱一起做点儿事，比如开个咖啡馆。如果咖啡馆经营起来并且盈利了，那么这些利润将按照当初筹钱的比例份额回报给大家。如果咖啡馆经营不善，或者因为其他原因倒闭了，那么当初筹集的钱也就随着咖啡馆的倒闭而亏损了，也就是说，风险由投资者共同承担。

财里财外

19世纪的时候，美国收到了法国盟友送来的礼物，一尊“自由女神像”，美国想把它竖立在金融中心城市纽约的港口。但是，竖立这尊自由女神像，需要制作自由女神像的底座。为了获得自由女神像底座所需的费用，当时的纽约市市长Grover Gleverland先生与众多的官员经过深入的探讨，最后决定采用群众集资的方式解决自由女神像的底座资金问题，使自由女神像得以竖立起来。1884年，纽约市市长把此事交给了当时的著名新闻家Joseph Pulitzer。Joseph Pulitzer把自由女神像群众集资的消息发布于报纸，这是当时最流行的、大众最常用的交流工具。Joseph Pulitzer通过New York Word发放了自由女神像的群众集资宣传单，并大力鼓励纽约市民为自由女神像的底座捐款，来共建美丽的纽约市。自由女神像众筹项目启动六个月，受到了美国群众的广泛关注和支持，其中12.5万人捐款资助，这些捐款的人包括商业大亨、普通民众、贫民，他们为了纽约的城市形象，都愿意奉献自己的一点力量，终于筹集了100091美元，折算成今天的市值为220万美元。于是自由女神像得以顺利地竖立于纽约的港口，成了纽约市的标志物。

自由女神像众筹项目的运行成功，让人们看到了“众人拾柴火焰高”的众筹力量。自由女神像众筹项目虽然是历史，但是这种项目运营模式，对互联网浪潮中的商业项目有很高的参考意义。自由女神像的众筹项目成功，激励着美国商业人士积极建设众筹平台，推动了美国众筹的发展。

生财有道

现代化的众筹之所以如此受大众热捧，在于其表现出来的开放性与便捷性等特点。首先，众筹极大程度地降低了融资门槛，鼓励更多的小微企业开放创意，促进更多的个人积极创业。如今中国的就业压力，尤其是二十几岁的毕业生的就业压力非常大，通过众筹这种筹资方式，可以让更多有创意的大学毕业生筹集到创业启动资金，加入到创业群体，这也不失为解决就业的方法之一。

其次，这种融资的便捷性，激发了草根阶层的创新热情。无论你是谁，只要有想法、有创意，就可以通过互联网平台找到志同道合的投资者来支持自己创业，从而把自己的创意变成现实。

最后，由于众筹的创意项目最终还是以商品的形式流向市场，所以在前期募集期间，来自不同地区、拥有不同观念的投资者聚在一起充分讨论，提出的意见和观点会使该项目更加完善可行。这在一定程度上拉近了生产者与消费者的距离，从而降低了商品推向市场后的风险，开辟了更为广阔的潜在市场。

众筹五大模式，投资理财怎么选

如今，众筹覆盖的领域已经十分广泛了，在各行各业的众筹项目中，有一些众筹类型是必须要了解的。只有这样，你在做项目时才能够清楚明白地知道自己到底适合做哪种类型的众筹。

财里财外

2014年，美国联合光伏通过众筹平台发起了全球最大的太阳能电站的众筹项目，成为了股权众筹的一个经典案例。该项目筹资金额为1000万美元，每份筹资金额为10万美元，每个用户最多购买一份，所有支持者都将会成为此项目的股东。如今，该项目已经超额完成了预定任务，总计筹资金额达到

1000万美元。无论是从规模上还是具体实施上，联合光伏的此次众筹融资给整个众筹行业起到了很好的示范作用。联合光伏这次成功的众筹就属于五大模式中的股权制众筹。

生财有道

众筹兴起于美国，在进入中国市场后，可谓是“遍地开花”，也孕育了许多具有中国特色的众筹模式。一般来说，众筹主要分为以下五大模式。

1. 募捐制众筹：不予回报的公益众筹

募捐制众筹的特点是无偿性，也就是说，投资者是不求回报地自愿捐赠。比如红十字会等公益组织通过网络平台在线募捐，可以说这是募捐制众筹的雏形。有需要的人通过一些权威组织发布“求助信息”，然后得到大众的关注，主动自愿地出资帮助。

2. 奖励制众筹：回馈产品的实物众筹

和募捐制众筹有所不同，奖励制众筹不再是无偿的、不求回报的纯公益类众筹，而是严格规定必须要有回报的众筹模式。只是回报的结果有些特殊，不是金钱，而是产品或者其他实物。

3. 借贷制众筹：保本还息的债务众筹

借贷制众筹，又称债权众筹。相较于前面两种众筹模式，这种模式较关注投资收益。在这种模式下，投资者对众筹项目的集资企业或组织投入资金之后，会获得相应的公司债权。当众筹项目结束后，集资企业将归还许诺给投资者的本金和利息。

4. 股权制众筹：“草根式”资本募集

众筹这个新生儿，漂洋过海来到中国已经好几个年头了。然而，与美国等国家以股权制和借贷制众筹为主不同，中国则以奖励制众筹模式为主。因为美国政府支持股权制众筹的发展，并且有明确的法律规范这种模式的运行。但在中国，由于不允许民间非法集资，对股份制众筹这种融资模式存在限制，所以造成了股权制众筹和借贷制众筹模式在我国处于一种相对偏冷的状态。

5. 收益权众筹：分红利不分股权

收益权众筹是继前四种众筹模式之后新兴的一种众筹模式，主要是指筹资者发布一个产品或者项目之后，向投资者募集资金。产品出售后，筹资者将获得的收益按一定比例分配给每位投资者。收益权众筹的本质是发起人向投资者让渡收益权的约定，通过让渡，投资者获得产品的收益权，所以称之为收益权众筹。

众筹的五种模式各有特点，投资者在选择时，主要根据自己的需求选择，你需要什么，就选择什么样的众筹模式。如果你被一个项目感动，那么获利就不再是重点，你可以选择募捐制或奖励制众筹。如果你比较注重投资收益，那么收益权众筹或许能够满足你的胃口。

选择最合适的众筹平台

每一个众筹平台都有自己的特点，如果找的众筹平台不能够为自己提供资源，或者说对自己项目不清楚就很难融到资金。要想更快更好地融到资金，选择适合自己的众筹平台是重中之重。

财里财外

Kossel 800 开源 3D 打印机套件是属于创意科技类产品，该项目由一个科技类创客团队所发起，该团队选择了追梦网作为自己的众筹平台。之所以选择追梦网，有三点原因：第一，追梦网作为中国首批创立的众筹网站之一，发展多年，已具备一定的信用和群众基础；第二，追梦网宣称“帮助靠谱的梦想项目者实现梦想所需要的资金、宣传”，其平台是以创意梦想为经营宗旨，与团队的精神相符合。该产品属于创意设计类产品，追梦网的优势就是这一点，两相结合，效果会更好；第三，追梦网的受众与该产品的受众高度重合，因此追梦网对该产品的接受和认可程度肯定会比其他网站高。

事实证明，他们的选择没有错。项目结束后，他们获得了 37.4 万元的众筹资金，获得了 396 人的支持，是当初设定目标的近 4 倍。

生财有道

国内众筹平台很多，应该如何选呢？一般来讲，挑选众筹平台有以下几个问题是需要注意的。

1. 从安全性来考虑

从安全性的角度来看，最好是选择那些较为著名，有金融服务资质，规模也比较大的平台。毕竟众筹本质上还是一项金融服务，不管将来是由证监会还是银监会来监管，都要涉及一些现存的众筹网站的合法性问题。

2. 从项目的角度考虑

现在的众筹平台五花八门，大多都有侧重。有些是综合类的众筹平台，有些是垂直类的众筹平台。项目发起人一定要根据自己项目的情况来选择合适的众筹平台。

比如，如果你的项目是面向广泛的公众的，那么你在综合类的众筹平台上就可能获得更大的客户群。而如果你的项目是电影类的，你就要在电影类发展较好的垂直型众筹平台上发布。

股权式众筹平台虽然相似度很高，但也各有侧重。比如大家投的启动版投资才 1000 元起，适合那些钱不太多又想试试股权众筹的玩家。“天使客”有较强的专业机构背景，投资起点 2~5 万元，适合没有大量时间和精力关注项目，又想投到好项目，获取高收益的投资者。如果是合伙开店，“人人投”则是个不错的选择。“天使汇”的要求较高，一般人大概只能望洋兴叹。除此之外，“京东”也在筹划开始做股权式众筹。

3. 从增值的角度考虑

选择众筹平台还要对比各个平台提供的增值服务的情况。我国各个平台提供的增值服务不尽相同，发起人对其优劣势应有个全盘的考虑，特别是后续增值服务，比如后续的项目孵化、音乐作品的演出售票服务、对发起人的持续培训和辅导能力。

有的大众门户网站已经初步形成了自己的一套体系，有的小的网站则可能会根据项目需要提供量身订制的服务。所以发起人需要先评估自己的目标是什么，再评估自己需要哪个网站。

众筹投资风险多，必须谨慎防范

玩得转众筹固然好，但要提醒大家，在中国现行的法律和监管体制下，众筹既有红线，也有风险，有人成功，也有人失败，就是最好的证明。对这一点，每一个进入其中的人都需要对此有一个清醒的认识，学会规避风险，不越雷池，学会全程操作，学会掌握技巧，你就是一件众筹达人。

财里财外

2015 年 11 月份，上海优索环保科技发展有限公司因涉嫌以“原始股”非法集资，其原法人代表段国帅被逮捕。他炮制的假股票骗局竟然骗取了上千名河南群众，资金总金额超过 2 亿元。

上海优索环保科技发展有限公司利用其在上海某地方股权交易市场挂牌的身份，对外宣称自己是“上市公司”，并且向外宣称公司将定向发行“原始股”。这使得一大批投资人错误地认为这是一家潜在的“绩优股”企业而选择对其投资。根据初步了解，上海优索环保科技发展有限公司利用“原始股”一共非法融资 2 亿多元，涉及上千名投资者。

生财有道

众筹中，有项目发起人打着众筹的名义行骗的，也有投资者看不清事实、盲目投资而遭受损失的。本来把一个新产品或者服务推向市场就是一个极为冒险的事情，这也就给一些众筹骗子提供了成长的温床。

投资者要注意对这些骗术进行识别和防范，以免遭受不必要的损失。

项目发起人在向大众寻求资金支持的过程中，透明和诚信是必不可少的条件。如果做不到这两点，你就要考虑下自己成功的概率到底有多大了。发起众筹的最佳时期一定要是你可以自信地知道你能向支持者完成承诺的时间段内，你也应该向投资者告知你的项目中可能遇到的各种潜在危机和挑战。

如果你盲目，或者过度乐观，你也可能被别人定义在“骗子”的行列，即便你本身并不如此。

“少承诺，多做事”。这条古老的格言同样适合于项目发起人。众筹平台往往都会要求项目发起人限定一个回报日期，发起人这时不妨给这个日期多设定一个额外的缓冲时间，以保证在面临不可预期的问题时能够及时交付到投资者手中。当然，在产品和服务的生产或执行中，也要注意质量的把控，任何不符合当初质量要求的产品，也会被投资者认为你具有欺诈行为。

在支持者方面，传统的商品预售会遵循我国合同法的规定。如果商品交付超期或者质量不合格，那么相关赔偿、退款和召回程序都有明确的法律可依，消费者只会损失时间成本。但在众筹模式中，消费者的投资兼有预购、投资和助资的性质，如果出现违约的情况，怎么挽回损失，目前在法律上还没有明确的规定，众筹三方的意见也还并不统一。

这就要求投资者要选取知名度高的众筹平台，仔细阅读众筹平台的相关规定。因为平台知名度越高，优秀的项目也就会越多。对于众筹平台，以及项目发起人、股权众筹领投人的判断，需要多参考一些他们的过往业绩和业界口碑。在股权式众筹中，支持者也要有天使投资人一般的心理准备，由于首次创业的项目发起人可能缺少制定正确的商业决策的专业知识和技能，最终导致项目的失败，投资人就要赢得起，也要输得起。这个社会有个不变的规律，那就是收益越大，风险也越大。如果身在其中，就得受这个规律的制约，要有敢于承担的心理准备。

众筹投资，还是非法集资

众筹自诞生之初，便和非法集资纠缠不清，很多人也搞不清楚众筹与非法集资的区别。其实，二者之间有着本质的不同。打个比方，众筹相当于团购，项目发起者在众筹平台上募集资金，投资者对其发起购买，在项目成功实施之后，获得实物、服务等方面的奖励。而非法集资从本质上来说是一种资金的借贷。

财里财外

2015年5月，一个涉嫌非法集资的淘宝商店被证监会突然叫停。朱某在2012年10月开设了该淘宝店。朱某先后两次利用出售淘宝店“原始股”进行筹资。

朱某首次推出的产品为某某传媒会员卡，要价一张100元。会员卡不仅有订阅电子杂志等功能，还配送该公司的100股原始股份。后来，朱某对公司未来1年的初创规模与收入预期作了评判，预测公司将有2千万元市值，按照每股1元的面值，她拿出2%的股份，即40万股票面向社会征集筹资。共认购了45万股。随后朱某启动第二轮网上募资，第二次招募说明书内容表示：所有在淘宝网上购买某某传媒的原始股皆属于公众股，只有大额认购的股东才能转变成注册股东，并溢价20%，以每股1.2元的价格销售。公司两次合计统共募集了450万元的资金。

然而好景不长，这种在网上非法发行股票的行为，被证监会及时叫停。证监会认为，朱某的行为涉嫌利用互联网，用众筹方式向不特定网友非法出售所谓的原始股，违反《证券法》的有关规定，即涉嫌非法集资。

生财有道

众筹和非法集资的界限到底在哪里？众筹和非法集资有什么区别？下面进行简单的辨析。

1. 众筹与非法集资产生的时代背景不同

非法集资罪是在工业经济时代产生的，在我国则打上了很深的计划经济的烙印。在计划经济时代，金融属于国家垄断行业，民间资本无法加入。非法集资罪包括非法吸收公众存款罪、集资诈骗罪、欺骗发行股票债券罪……其中一些罪名都是为了维护现行金融秩序所规定的。

众筹则是后工业时代的产物，创业者可通过社交媒体工具，或是专门的众筹网站发起众筹项目，向公众筹集资金、智慧以及资源，实现快速崛起，这是一种典型的民间小额资金的融资模式。

2. 对发起项目而言，风险承受度不同

众筹相对而言是一种理性的市场行为，例如股权众筹是以募集资金召唤志同道合的投资人为目的，提供固定的回报；而会员众筹和交付款方式的众筹所设置的是折扣或是产品的回报。因此，对募集的资金项目而言，压力较小。

非法集资则不同，它一般以提供远高于银行利息，远高于基金信托产品的收益率等作为回报。因此还款压力非常大，很多项目就是因为承诺的回报率太高，难以实现，从而触犯了法律。

3. 信息公开程度不同

众筹是一种新兴互联网金融的运作形态，从项目的启动、市场定位、众筹计划的发布、产品的研发、产品的制作等各个环节信息全都向外公布。而非法集资项目公开的程度非常有限。他们以遵循商业秘密的保护为借口，投资人在参与之前一般需要签订保密协议，各个环节的信息并不对外公开。

4. 行为特征不同

非法集资是指非法吸收公众存款或是变相吸收公众存款，违反了金融管理法律规定，采用公共或是变相公开方式，向社会公众（包括单位和个人）吸收资金或者变相吸收资金，并承诺在一定期限内以货币、实物、股权等方式还付本息或者给予回报的行为。集资诈骗罪是以非法占有为目的，使用诈骗方法非法集资，骗取公众较大数额的资金行为。而众筹并不以提供固定的回报为目的，回报的内容各种各样，除股权众筹的分红外，不能以任何货币作为回报方式。众筹通常都是以经营实业为目的，并不是为资金本息而筹集资金，是一种正常的生产经营行为。而且大多数众筹项目都有募集资金以及人数的限制，且规定了募集的期限，单笔募集资金数额不大，因此造成的社会影响与非法集资是存在很大差别的。

众筹投资必须了解的法律法规

众筹在国内的发展时间短，相关的法律法规也不健全，但这些并不能成为妨碍众筹在国内生长的理由。如果因为这样的限制因素，国内众筹就会裹足不前，众筹之路是走不远的。

财里财外

众筹在中国可能面临的法律风险，就是可能触犯刑法规定的集资诈骗罪。该罪比非法吸收公众存款罪更严重。

被告人吴英于2003年至2005年在东阳市开办美容店、理发休闲屋期间，以合伙或投资等为名高息集资，欠下巨额债务。为还债，吴英继续非法集资。2005年5月至2007年1月，吴英以给付高额利息为诱饵，先后从林卫平等11人处非法集资人民币7.7亿余元，用于偿付集资款本息、购买房产等，实际诈骗金额为3.8亿余元。2012年5月21日，浙江高等法院经重新审理后，以集资诈骗罪判处吴英死刑，缓期二年执行。

生财有道

对于各类众筹行为来讲，想要在新时代发展得更好，就必须采取一定的措施来避开法律的风险。

根据运营模式的不同，所采取的措施也不同。在此，分门别类进行说明。

1. 奖励式众筹

相较于其他模式的众筹而言，奖励式众筹是属于风险相对较小的一种。但是如果奖励式众筹不能规范操作，让融资方有机可乘，就有可能触碰集资诈骗的红线，即便没有达到刑事立案的标准，也可能构成非法金融类的行政违法行为。

按照现行法律标准，奖励式众筹是不能直接给予投资人现金回报的，否则就会受到金融管制，而且也不能面向众多的不特定人群。同时，项目发起人也不能编造虚假项目故意骗取资金，不然也会构成集资诈骗罪。

对于奖励式众筹，在防范上需要注意的主要是以下几个方面：一是众筹平台要严格审查项目信息，调查其产品或创意的成熟度，避免有虚假信息发布出来；二是要对募集的资金进行严格监管，要保证回报的产品按约履行；三是众筹平台不要为项目发起方提供担保。如果能做到以上几点，则可以让奖励式众筹避开潜在的法律风险，不至于触碰到法律的底线。

2. 股权制众筹规避法律风险的措施

股权制众筹在国外发展的时间比较长，加上国外对股权制众筹有相关的法律规定，故而股权制众筹在国外发展得比较顺利。国内股权制众筹在发展过程中则受到了诸多的限制，直到2014年12月18日，相关部门才出台了第一个关于股权制众筹的法律法规，即《私募股权众筹融资管理办法（试行）（征求意见稿）》。

虽然关于股权制众筹出台了相关法规，各项政策也向股权制众筹发出了明确的发展信号，但股权制众筹在国内的发展依然面临着诸多问题，稍有不慎还是可能会踩到雷区。

3. 债权式众筹

债权式众筹是投资者对项目或公司进行投资，以获取一定比例的债权，借此在未来获取利息收益且收回本金。目前国内的众多P2P网贷就是一种债权式众筹的模式。

4. 捐赠式众筹

我国目前还没有对互联网募捐、募赠活动的限制，因此捐赠式众筹相对来讲还没有法律障碍，但这并不代表其就没有法律风险。捐赠式众筹也要确保项目发起人和其发布的公益项目的真实性，须保证专款专用，不能挪用或侵占资金。如果捐赠式众筹的发起人以众筹为名骗取资金，也会构成集资诈骗罪，面临法律的制裁。

投资者如何识别众筹造假项目

近年来，被称作“互联网金融第三浪潮”的众筹行业发展迅猛，由于其门槛低、投资金额小的优点，吸引了更多的人热衷于众筹这一创业模式。但是，这种模式主要是依靠投资者与创业者之间建立的诚信，目前并没有与之相关的专门法律给予保障。因此，就有人钻这个空子进行违法犯罪行为，诈骗投资人的钱财。

财里财外

2015年3月，在长沙做生意的生意人杨某拿出1.5万元入股参与了邻居的众筹创业项目，具体来说，就是投资创立了一个名为“聚米微品”的网购平台。两家还在4月9日那一天正式签订了合作协议，约定每月分红的比例与最低年回报。但是大半年转眼即逝，杨某却没能拿到过任何回报，而邻居却一下子失去联系了。

杨某邻居首先成立了一个名叫“米拉网络科技有限公司”的假冒公司，并夸大其词说现在网购很流行、潜力大、回报率极高。这个平台正处在发展阶段，以后打算众筹300万，推平台上市。杨某出于对邻居的信任，一下子投资了1.5万元，却没想到最终落个上当受骗的下场。

生财有道

众筹里造假项目可以说是非常多的，为了避免上当，投资者应该用一双慧眼来识别众筹造假项目。那么，怎么才能识别众筹造假项目呢?

首先，我们要了解到众筹项目有哪些环节可造假。

（1）融资额。例如，融资融到的是人民币，对外则宣称融到的是同等数值美元。

（2）运营数据。项目方容易在点击率、用户数、用户数转化率等运营数据方面全面掺水和造假。

（3）产品和设计。产品跳票问题频发，质量差。同时抄袭、山寨之风泛滥。

（4）创始人团队。对于创始人过度粉饰美化，伪造假学历、假经历者层出不穷。

其次，如何识别众筹项目造假要意识到这几点。

（1）充分了解众筹项目背景等资料。投资人对于项目的方方面面应该做足功课。尤其要对各项数据、融资额度、商业模式和产品创新点和创始人团队情况等容易出现造假行为的环节，充分考察调研，掌握真实的情况。

（2）没有十全十美的众筹项目。创业是一件极其艰苦的事情，有过创业失败经历的创业者更容易获得成功。那些并不完美的创业者和项目，或许才能真正与投资人找到结合点和默契，共同孵化出优质的企业。

（3）一些“看上去很美”的行业，现阶段需要谨慎投资。具体来说，这一波创业潮，最先坠落的是原来最炙手可热的O2O行业。同时，对手机行业近期的投资也应保持谨慎。另外，智能硬件行业前景难测。

理财小测试：从购物测试你的投资潜能

如果你出国旅行，来到国外的跳蚤市场购物。该市场里的物品价格极有弹性，朋友告诉你，在此地还可以找到不少有潜在升值的物品，回国以后很难购到。你会倾向于“淘”哪类物品呢？

A. 古董相机

B. 手工织毯

C. 古银首饰

D. 书画、工艺品

答案解析：

A. 你对于钱财的运用没有什么观念，开源和节流两种工作，你宁可只做前者。

B. 你的情感丰富，耳根子软，对人毫无防备之心。你对于推销员的话会照单全收，所以每次出门总是令家人为你提心吊胆，深怕你的信用卡透支。

C. 你对于每一分钱都很重视，认为财富就是靠这样一点一滴积累起来的，当然不能小觑。虽然你从各方面都可以省下一些钱，为数也很可观，可是这样的速度还是嫌慢，而且趋于保守，没办法有效率管理钱财。

D. 你有一点不切实际，做什么都只为了完成梦想，缺少对现实的考虑。对于理财，你也觉得十分头痛，不知该怎么开始做起，也不愿卷入股票游戏中，终日对着数字荧屏发呆。

第13章 二十几岁不可不知的P2P理财常识

目前，国内P2P小额借贷业务发展迅速，使很多无法获得正规金融机构服务、急需小额资金的普通人群得到了民间小额贷款。同时也为资金方提供了一种新的高收益理财方式。可以预见，P2P理财将会成为未来主流理财方式之一。

P2P投资理财离我们很近

随着互联网金融的火热发展，网上理财已经被百姓所熟识。而P2P理财更是受到众多网民的追捧，近两年十分火热并快速地发展，也因此受到越来越多人的青睐。

财里财外

诺贝尔和平奖得主尤努斯博士认为，现代经济理论在解决贫困方面存在缺陷，为此他于1983年创建了格莱珉银行，通过开展无抵押的小额信贷业务和一系列的金融创新机制，不仅创造了利润，而且还使成千上万的穷人，尤其是妇女摆脱了贫困，使扶贫者与被扶贫者达到双赢。格莱珉银行已成为100多个国家的效仿对象和盈利兼顾公益的标杆。

创办以来，格莱珉的小额贷款已经帮助了630万名借款人（间接影响到3150万人），其中超过一半脱贫。而且格莱珉银行自1983年创办以来，除了创办当年及1991年至1992年两个水灾特别严重的年头外，一直保持赢利，2005年的赢利高达1521万美元。同时，格莱珉银行不仅提供小额贷款，而且也鼓励小额存款，并通过格莱珉银行将这些存款发放给其他需要贷款的人。

这一模式就是最初的P2P金融雏形。

生财有道

P2P就是点对点，也可以理解为个人对个人、群体对群体的意思。P2P网贷平台是为企业或者个人提供投资与融资的平台，这与许多互联网金融平台模式相比并没有本质上的区别，但是它却占据了互联网金融大部分的市场份额，成为互联网金融的主力军。

P2P 早在 2006 年就进入了中国市场，只是那个时候并没有得到社会的广泛关注。直到 2011 年，P2P 才开始迅速成长。P2P 之所以能够迅速地成长，一方面是因为互联网金融的发展起到了推波助澜的作用，另一方面是因为巨大的市场需求。

国内许多小微企业迫于发展需要，急需筹集资金，而广大民众却习惯于把钱存放在银行，尽管银行提供的收益率比较低。随着互联网金融的蓬勃发展，比如各类“宝宝”产品、票据理财产品，许多新的金融模式在市场上应运而生。但是这些依托于互联网的投资理财产品，并没有从根本上解决大部分人的投资需求。

余额宝类的“宝宝”产品曾经红极一时，特别是一分钱起投，边购物边投资理财，的确给我们的生活带来了极大的便利。然而它们只是红极一时，最终都归于平静，没有持续升温。为什么会出现这种现象呢？主要是受到央行降息等举措的影响。随着银行利率下调，“宝宝”类产品的收益率也直线下降，连续跌破 8%、7%、6%，2015 年底甚至跌破 3%。这种收益率和银行的存款利率差别不大，当然难以留住“野心勃勃”的用户。这种情况造成“宝宝”们的吸引力大减，“宝宝”类产品渐渐受到投资者的冷落。

如今，“宝宝”类产品已经不能与 P2P 相抗衡了。那么，互联网金融的其他模式呢？票据理财也是互联网时代很火爆的一种理财产品，最主要的特点是收益高、风险低。这种颠覆传统的投资模式，让许多投资者竞相追逐。但是让投资者万万没想到的是：这种理财产品太火了，“一票难求”的情况下，许多人被无情地拒之门外，最终迫使投资者不得不转移目标，另寻其他投资理财产品。至于众筹投资，就更不值得一提了，因为众筹甚至不屑于与互联网投资理财产品“并肩”而立，它固执地为创意而生，投资理财只是“买一送一”的附加品。

上述投资理财模式在互联网金融时代都无法满足投资者的需求，那么谁来盘活互联网金融市场，并为投资者和融资者带来福音呢？一个新的模式“不小心”闯入了互联网金融市场，成为名副其实的互联网金融霸主，它就是 P2P 网贷模式。

P2P投资理财常见术语

P2P 网贷确实是当下一种比较方便和实用的融资手段，给很多融资者解了燃眉之急。作为初次接触 P2P 的菜鸟，想要了解这个行业，准确地把握投资项目的基本情况，了解一些专业术语很有必要。

财里财外

“P2P”是 peer-to-peer 的缩写，peer 在英语里有“(地位、能力等)同等者”“同事”和“伙伴”等意义，因此“P2P”可以理解为“伙伴对伙伴”的意思，或称为对等联网。例如，借款人（A）如需 10 万元，向平台（B）申请借款 - 平台（B）对其进行审核，发布借款公告（各种标）- 投资人（C）通过在平台上投标，将钱通过平台（B）借给借款人（A）- 约定期限到期后，借款人（A）通过平台（B）偿还本金及之前所约定的利息。

生财有道

下面我们就来了解一下 P2P 网贷经常遇到的一些专业术语。

（1）固定收益

在许多投资理财平台上，主页面一般都是各个融资项目的展板，每个项目最突出的点就是百分之几的收益率。细心的投资者可能会发现，这些收益分为固定收益和预期收益。那么，这两个收益有什么区别呢？

固定收益是指某融资项目许诺投资者固定不变的收益，无论这个项目最终是盈利还是亏损，平台负责人都应兑现对投资者的承诺，按照融资时确定的收益率偿还本金和利息。

与固定收益相对的预期收益则不同，预期收益是融资者在融资时为投资者描绘的一个美好蓝图。比如，某项目融资时的预期收益率是10%，那么项目到期时，支付给投资者的可能是7%，或者更少，这都是有可能的。因为预期只是一种假设，会随着市场的变化而变化。投资者在投资一个项目时，一定要看清融资项目的收益率属于哪一类。

值得庆幸的是，在P2P网贷平台上，基本上都是固定收益，预期收益大部分出现在银行理财产品中。

（2）投标

投标是指P2P平台一次完整的借贷过程。在P2P平台上进行借贷，借款人首先要拿出一定的资产作为抵押，比如房产等有价值的实物。完成实物抵押后，才能在平台发布融资信息。然后投资者对信息进行筛选，再把钱投入到该项目中，整个借贷流程就完全结束了。这个过程就叫作P2P网贷平台的投标。

（3）清算期

在浏览某些借贷平台时，你可能见到过“T+0”“T+1”这样的术语，这是什么意思呢?

这就是我们要介绍的清算期。清算期就是投标之后兑付资金的日期，也就是提现的期限。P2P平台上常出现的这些符号，就是和兑付期限有关的。“T+0”“T+1”的字母“T”是指时间，“T+0”表示兑付时间为当天24小时之内，“T+1”则表示最迟第二天清算，如果遇到周末，则顺延两天，法定节假日则会提前通知兑现调整情况。

P2P之所以能够成为大众追捧的互联网投资“红人”，主要原因在于超高的收益率。但是，高收益意味着高风险。尽管P2P平台采取了许多风控措施，还是不能保证绝对安全，所以在投资时，投资者还是要小心谨慎。

你必须知道的P2P投资误区

理财是一门需要不断学习、不断更新的新兴学问，其中尤以P2P理财的学习最为重要，作为起步晚、发展快的理财方式，P2P理财因其低门槛、高收益受到越来越多人的关注，尽管如此，大部分投资人对P2P理财依然不够了解，所以深入误区不自知。

财里财外

跟风投资是P2P投资的误区，跟风投资本身也并没有什么错。在股市中，投机套现赚钱也并不是没有。但是跟风最主要存在的问题是，把握不住别人持股的支撑点，从而自己承受不住股票涨跌，把握不住卖点，多半也赚取不到别人赚取的收益。

投资P2P也一样，跟风投资一个平台，是极为危险的事。不说平台是否适合自己，平台是否有风控、是否机制齐全，平台是否安全都无法确定，风险可见一斑。不论什么渠道，对于投资理财，都要有自己的主见。周边朋友的意见可以分析，可以参考，但一定要作鉴别。

生财有道

在P2P投资中除了跟风投资这个误区外，还有以下几种。一定要了解常见的一些投资误区，及时改正，不然还会造成更大的损失。

1.P2P平台没区别

误以为把线下借贷搬到线上就是P2P了，认为P2P平台都是一样的。其实，P2P平台肯定是有区别的，一种是以信用贷款为主的平台，另一种是以抵押贷款为主的平台。这二者还是存在差别的。根据投资经验，当然还是有实物抵押的平台比较靠谱。

2. 收益越高越好

有些投资者认为，投资就要寻找收益最高的平台去投，其实这种认知是有一定偏差的。某些平台标榜收益高达30% ~40%。投资者被高额收益加上完美包装吸引，没有考虑投资后的风险。收益的高低可以作为投资的参考，但是并不能说是收益高或低就好。

3. 有担保，风险就很低

担保在一定程度上可以给投资者一定的保障，但是是否有了担保就一定保险呢？担保公司有资本金限制，最高杠杆为10倍。投资者在审查投资平台信息的同时对于担保平台的相应资质也需要作相应的了解。

4.P2P 平台越长越好

不少投资者认为，平台运营时间长也就是资金非常安全的。其实近些年P2P行业内的变动非常大，如果单纯以平台运营长短来看并不能证明其安全性，风险控制能力大小、平台运营模式等均具有非常强的影响因素。

5.P2P 没有传统理财方式安全

由于部分 P2P 平台的“跑路”，加上很多投资者对网贷认识不足，导致整个网贷行业经常被媒体妖魔化。风险的发生不取决于线上还是线下，而在于我们选择了什么样的机构和产品。

6. 盲目相信网贷评级和名人推荐

不少网贷评级以及名人的宣传给投资人带来了引导作用。但这里要指出的是，网贷评级以及名人宣传等可以作为参考，但参考价值有多少就因人而异了。理财不同于其他行业，名人不一定能给你带来高收益。

7. 有抵押的平台就是安全的

很多投资者认为只要项目有抵押就是安全的，其实不然。

（1）抵押物种类繁多，价格波动频繁，很多 P2P 平台自身无法对抵押物精准估值，而合作的第三方评估机构又良莠不齐，导致最后抵押物估值存在严重出入，一旦借款方违约，抵押物变现能力有限的时候，投资人就会遭遇损失。

（2）抵押物的处置变现往往要经过漫长的周期，这期间涉及很多法律及其他手续以及流程。再就是抵押物严重贬值或者无法变现。

8. 越时尚的平台越好

投资 P2P 还是要看平台风控体系，不要被华丽的网站外表给欺骗了。

9. 提现快的平台就是好平台

很多投资者认为，提现越快说明平台资金越充裕，那平台就越安全。其实不然，提现过快或者过慢都是不合理的，提现过快说明平台对打款审核不够严谨。平台提现时间应该保证在既能严谨审核账户保障安全，又不会耽误投资者时间的范围内。

10. 逾期就是坏账

逾期指的是借款人在承诺还本付息日没有履行还本付息的义务导致债务延期。金融行业中债务逾期是常见现象。坏账的概念建立在逾期基础之上，债务逾期后，通过催收等资产处置之后仍无法实现对债权人还本付息，并且在今后一段时间也无法产生还本付息可能的，这笔债务就形成了坏账。

P2P投资的资产配置技巧

资产配置是根据投资需求将投资资金在不同资产类别之间进行分配，将资产在低风险、低收益证券与高风险、高收益证券之间进行分配。了解 P2P 资产配置，对 P2P 投资很有必要。

财里财外

资产配置就像是足球比赛的教练排兵布阵一样。在守门员和后防线上，要配置一些余额宝、存款、债券基金、银行理财产品等，组成家庭资产中可靠的后防中坚力量。在中场，就要考虑有攻有守、攻守兼具的投资品种，比如 P2P 等。前锋线上，可以买些风险较大、收益率较高的股票或股票型基金，虽然风险比较大，但能给你带来更高的收益。

生财有道

在 P2P 投资中如何进行资产配置，才能最大化地保证资金安全呢？这里介绍一些小技巧。

（1）小额投资

小额投资，是指无论你多么看好一个项目，也不要把“养老钱”一下子全投进去，而是投入自己能够承受的那一部分资产即可。万一出现意外，你也能够承担损失。其实，小额投资与分散投资有一脉相承之处，都是强调通过分散资产达到分散风险的目的。

（2）不要贪图高息

在进行资产配置时，很多投资者容易受到“高息”的影响，然后一冲动就把钱投了进去。因为贪图高息误入雷区，导致本息无存的事件屡见不鲜，但还是有许多投资不计后果者前赴后继。

在投资时，对于收益超过 20% 的 P2P 项目，一定要慎之又慎。持之以恒地获得稳定的收益，比冒险获得高收益更稳妥。

（3）掌握资金流向

投资 P2P 之后，掌握资金的流向十分必要。你借款给融资者，你就是债主了，要清楚地认识到自己的地位。关于借贷资金的用处与去处，你有必要也有权利知道。一般来说，可以咨询平台客服或者借款人，以获得关于资金流向的信息。

我国主要的P2P网贷平台

P2P 网贷是一个新生事物，加上国内的投资环境、监管方面不够完善，一些额外的风险不可避免。那么，二十几岁的投资者如何将这种风险降到最低呢？这就需要在投资前做足前期工作，了解相应的投资平台。

财里财外

“陆金所”是 P2P 网贷平台之一，全称为“上海陆家嘴国际金融资产交易市场股份有限公司”；于 2011 年 9 月份启用 8.37 亿元资金在上海注册，是平安集团的全资子公司。而平安集团是国内知名的大型综合金融集团，在 1988 年创立，相比于民营的 P2P 平台，平安集团旗下的陆金所更容易获得投资人的认可。

陆金所给投资者创建一个中国领先的开放、便捷、安全的投融资平台，在健全的风险管控体系基础上，为个人财富增值，为中小企业提供融资服务，为机构金融资产创造流动性，增加资金效益。

生财有道

据不完全统计，截至2016年底国内大概有P2P平台1500多家，面对这么多家P2P平台，投资者选择时也会有些迷茫。但是P2P这棵枝繁叶茂的大树，也有其主干所在。下面我们就一起走进几家国内主流的P2P平台，对它们的运营状况进行简单的了解。

1. 人人贷

人人贷成立于2010年，隶属于人人友信集团旗下，经过几年的发展，迅速成长为国内P2P行业的知名公司。截至2013年年底，人人贷的累积贷款量达到了20亿元人民币，月成交量突破2.5亿元，融资数额在中国乃至世界都令人震惊。

人人贷属于线上和线下相结合的P2P运营模式，线上开展融资、投资等借贷业务，借款人可以自由发布借款请求，投资者也可以自由选择想要投资的线上项目。在线下，友信集团向人人贷输出债权，支持线上借贷业务的稳健运行。这种线上与线下相结合的做法，是人人贷能够持续高速发展的主要原因之一。

人人贷之所以能够在众多的P2P平台中脱颖而出，主要得益于它的本金保障计划。在人人贷平台上，借款人每借贷成功一笔款项后，平台会收取相应的服务费。这些服务费作为平台的风险储备金，一旦出现逾期偿还的情况，将用来垫付给投资者。这种风险储备金的做法，吸引了大量客户。

2. 拍拍贷

成立于2007年的拍拍贷是国内最早的P2P平台，作为最资深的老牌P2P平台，拍拍贷也创造了辉煌的战绩。2014年4月，拍拍贷获得B轮融资，金额在5000万美元左右，是十分了不起的成绩。

拍拍贷属于典型的无抵押无担保的纯线上模式。网站是纯中介性质的借贷网站，融资者自主发布借款信息，投资者根据自己的需求决定是否投资，借贷双方完全在平等自愿的情况下建立交易关系。

拍拍贷就像撒手管家，对平台的运作实行“无为而治”，因此对于借款人的要求相对宽松，不需要抵押资产。如果出现坏账等行为，后果由投资者自行负责，因此它对投资者的风险承受力要求很高。

拍拍贷还有一个有趣的特点，借款人如果想要借到更多的钱，就需要在平台多交朋友。这个平台也类似于一个朋友圈，如果投资者和你关系好，就会愿意不计较风险借钱给你。

3. 宜信

宜信不是纯 P2P 借贷公司，而是集基金、保险、P2P 等业务为一体的综合性金融机构。

宜信 P2P 属于线上线下相结合的模式，但是它最大的特点在于借贷交易线上为辅、线下为主。网络平台只是提供借贷信息的平台，如果借贷人想要借款或者投资者想要投资，需要在线下进行交易手续的办理，比如咨询借款数额与权限、投资的意向等，这些都需要在线下完成。

宜信对于借款人也实行无担保的方式，增加了投资者的借贷风险，但是宜信也有风险储备金，出现风险时可以动用备用金补贴投资者。另外，宜信还有每月还款的制度，投资者只需要等待一个月就能收获本金和利息，有效地通过缩短借贷时间把控风险。

以上介绍的几个在国内处于领先地位的 P2P 平台，可以说是 P2P 平台的典范，在这一领域也最有发言权。它们各有特色与缺点，没有好坏之分，适合投资者的平台才是最好的平台。

P2P平台很多，如何选择

投资者们在选择投资平台时应该是最慎重的，一个平台适不适合去投资，投资者们要进行深入的了解。因为只有正确选择合适的平台，才能做到合理地理财，更好地规避风险。

财里财外

P2P 网贷能够产生丰厚的利润，有人总结出这样的规律：投资风险较小的网贷平台，年收益为 8% ~10% ；稍有风险的网贷平台，年收益为 10% ~20% ；风险适中的网贷平台，年收益为 20% ~30% ；风险较大的网贷平台，年收益可达 30% ~45%。与所有的投资方式一样，收益越高，风险越大。

生财有道

无论是投资者还是融资者，对 P2P 平台的信息审查都不能走马观花、漫不经心，而应该全面、深入地详细了解，这是有效剔除“假冒伪劣”P2P 平台的必要手段，也是对自己认真负责的表现。那么，怎样审核平台信息，才算是做到了全面而深入呢？

（1）运营的真实性

如果你投资的 P2P 平台实际上根本就不存在，相信许多投资者都无法接受。为了以防万一，我们首先要做的就是考察一个 P2P 平台的真实性。

投资者需要在平台上查看公司的营业执照、税务登记、组织机构代码、注册地点与时间、网站的 IPC 备案等信息，必要的话可以打电话向有关部门核查。确认这些信息的真实性，也只能说明该公司是存在的，但是靠不靠谱还需要作进一步的判断。

（2）创始人和员工简历

一般的 P2P 网站，都会有创始人与合伙人或者员工的简介，也就是他们的履历。不要忽视这些内容。一个公司的创始人就是公司的名片，代表着公司现在与未来的发展方向。如果某 P2P 平台的老总从未涉足过互联网金融，只是“半路出家”的凑热闹者，那么他带领的团队水平可想而知；当然，也会有看上去很牛的创始人简历，金融互联网行家、高学历、曾是某某企业的 CEO 等，这样的简历如果是真实的，当然让人放心，但还是建议投资者考察一下，这些情况是否属实。

当然，除了创始人，员工与合伙人的信息也值得我们关注，这些可以综合考察这个团队是否够专业、够档次、够安全。

（3）担保方式

目前，国内虽然没有关于P2P的明文监管法律，但是银监会曾明确表示，P2P平台不得自我担保，即P2P平台不能担保自己平台的借贷安全问题，需由第三方机构为平台的借贷安全作担保。

这样做的目的是为了防止平台自我监管松懈，出现私自挪用平台资金等不法行为。投资者在接触新平台时，要搞清楚该平台的担保方式信息，如果有第三方担保，就需要弄清楚担保机构是什么以及担保的效力如何等。

如果你选择的P2P平台根本没有第三方担保机构进行担保，那么尽早远离它吧。因为这种平台触及了监管红线，一旦相关法律法规正式出台，它就会正式关门停业。

（4）风控能力

判断一个P2P平台的好坏，风控是不能缺少的关键指标。投资者如何从平台的信息中把握平台的风险控制能力呢？

风控能力需要从多方面考察，比如，借贷双方的信用认证制度是否严格？借款人申请借款项目时，需不需要相应的实物抵押？平台对借款人违约的惩罚力度如何？借贷流程是否足够清晰透明？借贷之后的资金流向是否向投资者据实披露？这些措施的实施程度可以反映一个P2P平台的风控强度，因此，投资者一定要注意关注P2P平台的这些信息，因为这才是展示P2P平台实力的关键所在。

P2P投资必知的四条“红线”

P2P网贷行业必然成为我国金融市场的一支不可忽视的力量，随着监管政策的出台与完善，行业洗尽铅华，将会有更加美好的发展趋势。二十几岁的投资者，应该做到理性投资、谨慎选择。

财里财外

P2P在中国“野蛮”成长，从无到有、从有到多只用了短短的几年时间。

P2P是在毫无管制的条件下发展起来的。一方面由于它是从国外传来的新事物，中国以前并没有P2P，互联网上也没有人开发借贷业务，因此P2P的到来让有关部门感到不知所措，还没有看清它是“天使”还是“魔鬼”，因此对其采取了“放任自流”的观望态度；另一方面是因为它发展得实在太快了，有“乱花渐欲迷人眼”之势，相关部门还没来得及对其制定系统的监管措施。

但是，P2P自由成长的时代很快就要过去了。经过几年的观察，相关部门决定不再放任P2P的“疯长”，要适当地修理一下这棵枝叶繁杂的大树。虽然具体的立法目前还没有出台，但政府法规已处于拟定阶段，并且已经有了明确的引导和指导规范。2015年，国家已经确定P2P行业由银监会监管。

生财有道

要发展，就要跟着政策走，这是任何行业都不变的一句中国式真理。根据最新的政策，相关部门对国内P2P的发展确立了以下四条“红线”。

（1）P2P平台只是中介平台

P2P平台只是中介平台，这一条明确规定了P2P平台的中介性质。中介的作用就是搭桥牵线，为借贷双方搭建一个平台，让他们能够点对点地直接交流。P2P可以制定平台上的交易规范，规定投资者和借贷者的准入门槛，但是不能参与借贷资金的流转，更不能私自挪用投资者的资金。

（2）P2P平台不能为自己担保

现今的金融市场上，有许多P2P网贷公司“自己为自己代言”，资金的担保方不是第三方机构，而是平台自身。这种自我代言的方式类似于掩耳盗铃，自我监管的结果往往是自我放纵。因此，国家相关部门无情地戳破了某些P2P平台的虚伪本质，禁止平台自我担保，担保方必须是和P2P平台无关的第三方。这其实也是进一步防止某些不法分子利用P2P平台进行诈骗的有效措施。

（3）平台不得设立资金池

平台不能搞资金池，其实还是强调平台不能聚集借贷资金，这也是剥夺P2P平台“财产权”的举措。资金池是指P2P平台作为借贷双方的资金中转站，私自将投资者的资金借贷给借款者。这期间平台其实掌握了全部的资金管理权。拥有这个权利，平台负责人极有可能被金钱诱惑，做出违规行为。

（4）平台不得非法集资

任何一家P2P平台一旦涉及非法集资，就构成了犯罪。P2P平台只是借贷平台，平台的投标过程，即投资者为某个借款人投资，这个过程就是集资的过程。按照正常的程序流程，P2P平台的集资完全是合法的，但是如果P2P平台本身存在违法问题，那么平台上进行的所有投标项目，均属于非法集资。比如，平台发布虚假标的，哄抬利率吸引投资者，这样的平台一旦被发现，平台负责人就构成了诈骗罪。

以上只是对P2P行业今后监管总体方向的指引，相信在不久的将来，P2P网贷会有专门的法律法规对其进行监管，让它拥有一个更安全、更透明的未来，创造高收益与低风险并存的金融界“神话”。

掌握P2P投资理财原则

P2P投资理财是近几年新兴起来的理财方式，其门槛低、收益高等特点也备受投资者青睐，但想要一直都有好的理财结果，在P2P投资理财过程中也有需要你长期坚守的原则。

财里财外

李先生从事自由职业，每月收入在5万左右。平时有闲钱的他，喜欢做一些投资理财。通过朋友介绍来投资排队贷。下面是他的投资记录与收益记录：第一个3月，年化收益20%，月收益就是1.8%，投资了20万，收益为1万元。第二个3月，年化收益20%，月收益就是1.8%，投资了31万，收益为15500元。第三个3月，年化收益20%，月收益就是1.8%，投资了45万，收益为22500元。则李先生投资P2P三次年化收益20%的3月标，总共收益48000元。

生财有道

看到丰厚的收益，二十几岁的你是否想跃跃欲试？不着急，来学习一下P2P投资必知的P2P实战常识。

（1）首先，作为新手，最好先做个自我风险评估测试。

要清楚自己有多少家底，千万不要把所有的钱都投入到这样高危的“游戏”中。无论何种投资方式，都不会百分之百地安全，投资理财就要有足够强大的内心来承受投资失利的后果。如果你是投融界的“大白”，家底也不是那么丰厚，建议你还是选择收益低、风险小的大型平台进行投资。如果你是资深的投融界玩家，那么即使初涉P2P行业，相信你也能很快无师自通。建议资深玩家根据自己的喜好，选择收益率稍高的项目，但投资之前也要三思而后行。

（2）其次，做P2P投资之前，要问问自己“你有钱有闲吗”？

投资理财是一个十分耗费精力和时间的技术活，如果你各种业务缠身、分身乏术，那么你还是适合找理财师帮你打理资产，因为单单是选择哪家P2P平台，就需要你花费大量的时间去分析考察。如果你本身就是个大闲人，有的是时间，但是手头却十分紧张，那么你也不适合做P2P投资，因为这里是一个有风险和需要钱的地方。

“有钱又有闲”，这个门槛似乎有点严苛了，但也是投资者对自己负责的表现，不要因为没有时间，就粗枝大叶地匆匆作出选择。选择了不靠谱的投资项目，造成的后果你不一定能承受得住；也不要羡慕高息产品，冲动地把手上仅有的积蓄投向未知的风险之中。

（3）最后，选择平台仍然是老生常谈的永恒话题。

不要轻信亲朋好友的介绍，要自己实际考察一下平台的安全性。作为新手，首先要求稳，待投资水平提高后，再追求高息。切不可眼高手低，心急是吃不了热豆腐的。建议初次投资P2P的投资者选择知名的大型平台作为学习晋升的平台，这样不仅能提升你的“审美眼光”，也能快速提高你的投资水平。

理财小测试：你适合P2P投资吗

通过下面的测试可以检测你的 P2P 风险偏好。

1. 你的年龄：（　）

A. 30 岁以上　　B. 28—30 岁

C. 24—27 岁　　D. 20—23 岁

2. 滨海游泳时，你会游出安全区的范围吗？（　）

A. 绝不会　　B. 偶尔会

C. 没什么大不了的　　D. 经常的

3. 遇到事情时，你是不是喜欢自己作决定？（　）

A. 不是

B. 还好，有人给我意见会使我的信心大增

C. 偶尔也会参考一下别人的意见

D. 我的事情我做主

4. 外地旅游遇到岔路口时，你会：（　）

A. 仔细研究地图和路标

B. 向别人问路

C. 大致判断一下方向，然后毅然决然地走下去

D. 抛个硬币决定吧

5. 有一项投资集资，如果成功，会有 50~100 倍投资收益，如果失败，所有的钱将会打水漂。成功的概率有 70% 左右，你会（　）

A. 不会投资

B. 投资 1 个月的收入试试

C. 投资半年的收入玩玩

D. 投资一年的收入，没什么好怕的

6. 期待已久的电影上线了，你去买 20：30 的票，却悲惨地发现只剩午夜场的票了，但是 21：00 有一个没有听说过的新电影上映，你会更倾向于：

（　）

A. 购买新电影的票

B. 买午夜场的票

7. 有两份工作供你选，一个是工资比以前高很多、但压力非常大的，有望上市的私企；另一个是收入一般、福利丰厚、工作却相当稳定轻松的事业单位，你会（　）

A. 私企

B. 事业单位

8. 你会买双色球么？（　）

A. 从不

B. 偶尔

C. 经常

9. 假如你有一笔钱要投资，你希望能赚多少？（　）

A. 跟存款利率差不多就可以

B. 赚不赚的另说，跑赢膨胀就是胜利

C. 盈利 10% 就行

10. 假如你参加电视智力大赛，在以下获奖方式作出选择，你会（　）

A. 立刻拿起 1 万元现金，转身走人！

B. 试试冲击 5 万元抽奖，有 40% 的机会

C. 有 5% 的机会赢取 1 百万元的现金大奖，拼了！

答案解析：

1~5 选 A 计 1 分；选 B 计 2 分；选 C 计 3 分；选 D 计 4 分。6~7 选 A 计 2 分；选 B 计 4 分。8~10 选 A 计 1 分；选 B 计 2 分；选 C 计 4 分。

12~20 分：你属于谨慎型投资者。建议每月投入 P2P 借款的资金不超过当月结余（就是全部收入花剩下的部分）的 10%。

21~30 分：你属于稳健型投资者。建议每月投入 P2P 借款的资金不超过当月结余（就是全部收入花剩下的部分）的 30%。

31~40 分：你属于进取型投资者。无论你多么热爱进取，最好也不要超过当期结余的 50%。毕竟，P2P 借贷有风险，投资需谨慎。

第14章 二十几岁不可不知的移动理财常识

现今社会经济形势下，移动理财是一个很不错的改变自己理财习惯的方法。越来越多的人开始使用手机进行理财，移动理财有着传统理财无法比拟的优势，如快捷、方便、开销小等。

移动平台虽好，且“理”且“警惕”

随着移动互联网时代的到来以及智能手机等终端设备的迅速普及，用户的使用行为推动着支付方式的改变，庞大的互联网为手机支付业务提供传播媒介。如今一部手机可以完成生活中的大部分交易，还信用卡、缴生活费、转账、网上购物等。加上新年微信红包、“烧钱”竞争的打车软件、以余额宝为代表的移动理财等第三方电商的商业化推动，人们的银行卡被互联网绑定套牢。这就要求我们一定要认识移动平台的风险。

财里财外

2016 年“双十一”期间，李先生看中一台液晶电视，与店主联系时，对方称，交易时使用二维码支付可以便宜 200 元，李先生当即表示同意。随后，对方发来一个二维码，李先生就通过手机支付宝进行扫描，进入支付界面，输入银行账号和密码后点击支付。没想到第二天，李先生却发现自己银行卡被盗刷。警方调查后证实，当时卖家发送的二维码中含有木马病毒。

生财有道

金融行业和移动互联网行业本身就是高风险行业，手机理财属于移动互联网与传统金融的融合与创新，其风险远比移动互联网和传统金融本身要大。

此外，手机理财产业链中普遍存在的跨业经营，并非单纯的传统金融行业进入到金融领域，对金融风险和管控存在认识不足和能力不够的问题。这里，将一一分析移动互联网平台中存在的金融风险，以及可能影响到行业稳定的因素。

1. 信用风险

信用风险又称“违约风险”，是指交易对手未能履行约定契约中的义务而造成经济损失的风险。任何金融产品都是对信用的风险定价，其信用都得由组织、企业、个人、政府其中的一方来担保。例如“阿里小贷”这类无须抵押的贷款模式，一旦借款人发生违约的情况，其后果要比有担保、抵押的贷款严重。

无论当前的手机理财产品如何虚拟性及技术化，其核心还是金融，它的落脚点是金融而不是移动互联网技术。由于手机理财的核心是金融，那么它所改变的是实现金融的方式而不是金融本身。因此，手机理财产品的交易同样是对信用的风险定价。

如果没有任何机构、个人对某一产品进行信用担保，那么无论是创新金融产品的企业还是投资者，都可能把其行为的收益归自己而把其行为风险让整个社会来承担，这就容易使得金融市场的风险越积越高。

2. 系统性风险

系统性风险是指由政治、经济及社会环境等宏观因素，造成手机理财平台破产或巨额损失，而导致的整个金融系统崩溃的风险。能够对整个手机理财平台产生影响的主要因素有以下几点。

（1）政策风险。政府的经济政策和管理措施的变化，将直接影响某一行业的发展前景，如果这种影响较大时，会引起市场整体的较大波动。如美国颁发 JOBS 法案后，股权制众筹投资开始受到人们的追捧。

（2）利率风险。这是指银行利率波动而产生的影响，假设银行存款利率高于主流的手机理财产品，那么人们会更加倾向于把资金存入银行，则手机理财平台将受到巨大打击。

（3）购买风险。由于物价的上涨，同样金额的资金，未必能买到过去同样的商品。这种物价的变化导致了资金实际购买力的不确定性，称为“购买力风险”，或“通胀风险”。当通货膨胀率大于投资理财收益时，人们将更倾向于实物投资。

以上是金融行业中常见的系统风险，而对手机理财来说，其存在的系统风险有两大特点：一是系统性风险只对整个系统或全局的功能产生影响或者破坏，并不是对单一机构或局部：二是系统性风险具备非常强的传染性，如网贷平台的风险将蔓延到第三方支付平台。

系统风险属于互联网金融企业不可控风险，企业可以分散、控制的风险只有非系统性风险。或者说，无论企业风险怎样分散、控制，其系统性风险都是保持不变的。此外，我国金融行业发展不充分、金融业开放度不够、金融牌照严格管制、行业垄断明显、利率市场化进程缓慢、存款保险制度缺失、多层次金融监管体系尚未建立等，金融市场环境不完善给互联网金融带来了诸多不确定性。

3. 运营风险

许多手机理财平台的运作模式并不十分科学，主要表现在以下两个方面。

（1）风险评估流程不透明

客户风险评估流程不透明、缺乏标准化，难以从监管角度评估行业风险。另外，单个公司的风险评估不具备透明性，难以从行业发展的宏观角度对整体行业信贷风险进行有效监控和监管。

（2）企业竞争激化风险

手机理财平台主要的收入来源体现为服务费和管理费，服务费等都是以成交为前提的，且一般情况下为企业成交金额的一个固定比例。随着行业内部竞争的日益激烈，以及资本方对盈利和增长需求的加强，对利润增幅的要求也越来越高。

在缺乏行业监管，同时内部审核和风险控制流程目前都由企业内部自主决定的情况下，对风险的审慎态度将慢慢让位于对利润的追求。随着时间推移，业务质量会逐步恶化，同时企业经营杠杆率也会逐步增加，在面临大的宏观环境变局时，整个行业面临的系统性风险也不容忽视。

4. 技术性风险

手机理财平台作为一个对公众开放的网络信息系统，不但需要对银行系统、服务与内容提供商开放服务接口，还需要向用户开放公众服务。这些信息包含个人账户、密码、身份等关键信息，因此会面临各种网络攻击的风险。

移动金融平台的技术性风险主要表现在以下方面。

（1）软件的设计存在缺陷。自互联网出现以来，“黑客”就一直存在。

如果手机理财客户端没有足够的防火墙和防御体系，则比较容易被病毒或者其他不良分子攻击。此外，手机硬件还容易被人为或自然灾害等外力破坏，软件和数据信息可能会被恶意复制、篡改和毁坏。

（2）伪造交易客户身份。手机理财时代突出的特点就是信息在不断变化，移动设备的硬件和软件技术是在不断发展和变化过程中的。当不法分子盗用合法身份信息，实施诈骗或其他非法活动时，是很容易逃过移动互联网的风险管控措施的。

（3）未经授权的访问。这是指黑客和病毒程序对手机银行或第三方移动支付平台的攻击，特别是一些针对普通客户的木马程序、密码记录程序等病毒不断翻新，通过盗取用户资料而直接威胁资金的安全。

技术性风险可以认为是“正与邪的对抗”“矛与盾的较量”，有技术的一方将取得胜利。因此，手机理财平台能否得到更优秀的技术人才，将成为该行业面临技术性风险大小的关键。

5. 法律风险

手机理财是一种新的金融方式，而传统金融的法律法规难以适应这种基于移动互联网的金融形式，这势必造成较大的法律风险。

手机理财的创新太快，而监管模式和手段还比较落后。由于移动互联网发展迅速，移动互联网企业、通信运营商等非金融类企业纷纷进入金融领域搅局，传统金融产品加快了创新步伐，手机理财领域的新产品、新业态与新模式不断涌现，而我国对手机理财的监管还相当滞后。因此可以认为，手机理财平台难以主动规避法律风险，只能依靠更加完善、合理的制度来控制法律风险。

手机理财请走出这些误区

现今很多个人都已意识到理财的重要性，看各种理财专家的书和下载各种理财 APP，尽管钱投进去不少，仍不见“财”，甚至掉入理财软件的陷阱。

财里财外

“e 租宝”全称为“金易融（北京）网络科技有限公司”，是安徽钰诚集团全资子公司，注册资本金 1 亿元。平台主打 A2P 的模式，6 款产品都是融资租赁债权转让，预期年化收益率在 9.0% 到 14.2% 之间不等，期限分为 3 个月、6 个月和 12 个月，赎回方式分 T+2 和 T+10 两种。自 2014 年 7 月上线，2016 年 1 月警方公布：e 租宝以 10 倍于存款利率的高额利息为诱饵，非法集资 500 余亿元人民币，涉及投资人约 90 万名，超 95% 的项目为虚假项目。

生财有道

使用手机理财软件毕竟是刚兴起的一种理财方式，人们对此有许多误区是正常的。这里我们主要了解手机理财中常见的误区，在这些误区中找到自己影子的同时，最重要的还是拨乱反正，早日走出理财误区。

1. 理财应用越多越好

刚刚开始使用手机进行理财的用户总是喜欢下载大量的理财工具类 APP，甚至一个 APP 可以完成的工作，偏偏要使用几个 APP，以显示自己是手机理财达人。这是完全错误的行为，手机下载过多的 APP 会有产生很多不良后果。

许多手机 APP 可以帮助投资者进行许多方面的理财，例如支付宝，不仅可以进行网购支付、购买理财产品，还有缴纳话费、水电费或进行彩票投注等功能。用户完全没有必要再下载专门用来缴纳水电费或彩票投注的 APP 了。

2. 支付密码设置相同

移动互联网技术发展日新月异，应运而生的手机购物越来越被大众接受，相比使用电脑更为方便，逐渐成为人们的主流购物方式。由于跟“钱袋子”密切相关，在享受方便的手机购物的乐趣时，保证网上支付安全显得更加重要。但许多用户对此做得并不好，在支付的密码环节往往会有以下两种误区。

（1）密码设置相同

有些用户为了方便记忆，无论是邮箱、聊天软件，还是银行卡、支付软件都使用相同的密码，并且喜欢用生日、身份证号码等数字作为账号密码。虽然方便记忆，但这样的密码极易被“盗号者”破解，任意一次的资料泄露都极有可能导致用户所有账户失去安全保障。

因此，用户最好是为网上支付、银行卡等涉及金钱的账号设置单独的密码，使用“数字＋字母＋符号”组合的高安全级别的密码。如果是类似“支付宝”这种软件，有登录密码和支付密码两个密码，用户必须设置成不同的两个密码。

（2）密码存在手机上

有的用户喜欢把账号与密码保存在手机或电脑的某个文件中，这也是比较危险的行为。若手机或电脑处于联网状态，就有可能被木马等病毒软件侵害，账号密码也可能泄露。

因此，用户的账户与密码不要保存于联网的手机、电脑等设备中，对于一些不熟悉的网站，填写信息要格外谨慎。

3. 手银理财夸大收益

手银理财业务是以手机银行客户端为销售渠道的理财产品，为客户随时随地购买理财产品提供便利。目前，工商银行、建设银行、民生银行、光大银行等银行都已经推出了手机银行专属理财业务。

个性化理财产品不断推出，受到二十几岁年轻人的热捧，原因是这些理财产品预期年化收益率较高，超过绝大多数同期传统理财产品。

手机如何投资贵金属业务

贵金属投资分为实物投资和带杠杆的电子盘交易投资，以及银行类的纸黄金纸白银。其中实物投资是指投资人在对贵金属市场看好的情况下，低买高卖赚取差价的过程。

财里财外

可以用于投资的贵金属种类比较多，均为贵金属的金融衍生品。市场上常见的贵金属投资品种有：黄金现货、白银现货、伦敦金、天通金、AuT+D、AgT+D、期货黄金、纸黄金、纸白银、铂金、钯金等。因品种不同各自交易方式大同小异，只是对于这一类贵金属的保证金交易（电子盘交易）的保证金比例会有所不同。考虑到风险控制及大多数投资者相关专业知识不足，为保障个人投资者利益，至今各交易所保证金比例均在5%~20%一线范围。

生财有道

下面将以提供账户贵金属交易、账户贵金属定投、实物贵金属交易、实物贵金属递延交易投资方式的工行手银为例，演示如何使用手机进行贵金属投资。

1. 行情查询

用户通过手银客户端即可查看贵金属的行情，其具体步骤如下。

（1）在“投资理财”界面点击“贵金属业务”按钮；

（2）在“贵金属业务”界面点击“账户贵金属”选项；

（3）在“账户贵金属”界面点击“行情与交易”选项；

（4）进入“行情与交易”界面后即可查看贵金属的行情。

2. 开立贵金属交易账户

第一次进行贵金属交易的用户，还应开立贵金属交易账户，其具体步骤如下。

（1）在“账户贵金属”界面，点击“我的账户贵金属”选项；

（2）系统提示未开立交易账户，点击“签署《中国工商银行账户贵金属交易协议》”按钮进行贵金属交易账户的开立；

（3）系统会给用户进行产品适合度的评估，用户答题完毕后点击“确定”按钮；

（4）评估合格的用户即可查看贵金属交易协议；

（5）阅读协议并在协议末尾的方框打“√”后，点击“同意”按钮；

（6）填写资金账户卡号和手机号码并点击“下一步”按钮；

（7）确认信息无误后点击“确定”按钮；

（8）稍等片刻即可完成开立贵金属交易账户。

3. 实时交易与挂单交易

用户开立交易账户后，按照前述方式进入交易详情界面，点击“实时交易”按钮即可进行实时的交易。填写买卖方向、交易数量等信息后，点击“下一步”按钮并根据提示，输入交易密码后即可完成实时交易。

在交易详情界面，点击“挂单交易”按钮即可进行挂单交易，确认信息无误后点击“下一步”按钮。填写买卖方向、挂单数量、获利挂单价格等信息后，根据提示，输入交易密码后即可完成挂单交易。

4. 贵金属定投

用户还可以通过手银客户端，进行贵金属业务定投，其具体步骤如下。

（1）在“贵金属业务”界面点击“账户贵金属定投”选项；

（2）点击“制订定投计划”选项；

（3）设置定投品种和定投周期后点击“下一步”按钮；

（4）设置定投数量、定投期限等信息后点击“下一步”按钮；

（5）确认信息无误并根据页面提示获取动态密码后，点击“确定”按钮；

（6）即可完成贵金属业务的定投。

手机上购买保险

科技的发展大大方便了人们的生活，以前想买保险，必须得跑到保险公司去，还要找个业务员给你讲解，现在直接在手机上就可以买保险，省去很多麻烦。所以，二十几岁的年轻人可以尝试手机买保的乐趣。

财里财外

小刘与几个朋友计划了半年的出国旅游计划，终于就要实现了，登上去机场大巴的时候，他给家里人打了个电话，电话里父亲顺口问了句："买了保险没?"小刘这才醒悟，他们是自助境外游，一旦碰上险情，就只有保险能帮忙了。可是他马上要登机了，不可能再跑回去买保险了，这让他与朋友不知如何是好。

在许多特殊的情况下，用户没有时间与保险公司业务员面对面办理业务。此时，完全可以通过手机来购买保险，通过银行代为办理的保险业务，在资金的安全方面也能得到保障。

生财有道

在手机上做投保、买保险，操作不复杂，非常简单。手机上能卖的保险都是一些意外险，如果经常出行，二十几岁的你不妨给自己备这么一个掌上保险，随时随地给自己买保险。

1. 手机投保

以"工行手银"为例，购买保险的具体步骤如下。

（1）在工行手银"投资理财"界面点击"保险业务"按钮；

（2）在"保险业务"界面点击"手机投保"选项；

（3）点击需要购买的保险可查看详情；

（4）在保险的详情界面点击“投保”按钮；

（5）阅读相关说明书、协议等文件后，点击“同意”按钮；

（6）输入身份证后4位数、证件有效期截止日、电话号码等信息后，点击“下一步”按钮；

（7）输入购买份数后点击“下一步”按钮；

（8）确认信息无误后点击“确定”按钮，根据页面提示输入动态密码即可完成保险的购买。

2. 查询交易明细

用户可查询自己购买保险的明细，在“保险业务”界面点击“查询交易明细”按钮。进入“查询交易明细”界面后，选择保险公司、产品代码、日期等信息后，点击“下一步”按钮即可查询交易明细。

盈盈理财——让财富变得简单

盈盈理财是一款免费的手机端理财交易软件，精选出低门槛、准储蓄型的货币市场基金，剔除了操作繁琐、风险高的基金投资品种。这些产品可保证用户的本金安全性，同时收益要比银行活期存款高数倍。

财里财外

盈盈理财是国内资深的从事基于互联网技术的金融信息撮合交易服务的平台。2013年7月盈盈理财推出首个版本手机交易客户端，从货币基金等标准化产品切入培育用户，当年注册用户数超过200万。2014年，盈盈理财针对中小企业融资现状推出P2B/P2P投融资服务模式，为大众投资者和急需资金的中小企业及个人，提供一个安全、稳定、高流动性的网络投融资平台。盈盈理财创始人和核心管理团队均来自于全球知名的第三方支付平台、银行、投资和风险管理机构。

生财有道

盈盈理财深受广大青年的欢迎，那么如何使用盈盈理财呢？下面介绍一些理财的技巧。

1. 注册登录

用户需要注册并登录后，才能开始购买理财产品，其注册登录方式如下。

（1）进入盈盈理财主界面后，点击“登录”按钮；

（2）输入手机号码并点击“下一步”按钮；

（3）填写短信验证码并点击“确定”按钮；

（4）稍等片刻即可完成注册登录，并转至产品列表界面。

2. 查看产品、预估收益

用户在查看理财产品时，还能使用盈盈理财提供较为方便的收益计算功能，其具体方法如下。

（1）在产品列表点击合适的理财产品；

（2）进入理财产品概况界面后，点击“预估收益”按钮；

（3）进入“预估收益”界面后即可查看收益状况，用户也可点击金额的文字框，输入自己预计投入的资金；

（4）输入自己预期投资的资金后，点击天数的文字框，输入自己预计投入资金的天数；

（5）输入天数后点击“预估收益”按钮；

（6）稍等片刻，软件即可根据资金和天数预估出收益。

3. 绑定银行卡、买入产品

用户选择好需要购买的产品后，即可开始买入产品，其具体步骤如下。

（1）在理财产品概况界面点击“申购”按钮；

（2）输入申购金额后点击“下一步”按钮；

（3）输入姓名和身份证号后点击“下一步”按钮；

（4）进入添加银行卡界面，点击“请选择银行”按钮；

（5）选择自己银行卡所在的银行；

（6）输入银行卡号及开户行后，点击“下一步”按钮；

（7）设置交易密码后点击“下一步”按钮；

（8）用户确认交易信息无误后，点击“确认申购”按钮即可完成产品的买入。

互联网金融的理财产品大多都是保守型的货币基金，对于货币基金就不得不提到“7日年化收益率”这个概念。这是指货币基金最近7个自然日，每万份基金份额平均收益折算的年收益率。就大多数投资者而言，“7日年化收益率”是最直观反映基金业绩状况的指标，但投资者还需要注意以下几个要点。

（1）“7日年化收益率”是一项短期指标，代表的只是基金过去7天的盈利水平，并不说明未来的收益水平。在考察该指标时，不能忽视对收益的波动率的关注，因为这反映该基金未来收益预期是否具有稳定性。

（2）一般情况下，如果“7日年化收益率”波动很大，投资者的实际收益率与购买时的收益率可能存在较大出入。因此，该指标无法作为长期投资的盈利指导。

（3）收益水平只是评价货币市场基金优劣的一方面因素，货币市场基金追求的是“安全性、流动性、收益性的协调与统一”。因此，资产的流动性水平也是货币市场基金的一个重要因素，即申请赎回后要多久才能拿到钱。

4. 账户资金状况查询

用户可对自己账户的资金状况进行详细的查询，其具体步骤如下。

（1）在主界面点击“我的盈盈”按钮即可查看账户的概况；

（2）在“我的盈盈”界面点击“总资产栏”，再点击“持有资产”选项可查看持有资产；

（3）在“我的盈盈”界面点击自己所购买的产品，可查看其交易明细等信息；

（4）点击任意交易明细即可查看该明细的交易详情。

5. 卖出产品，回笼资金

用户可随时将自己购买的基金赎回，其具体步骤如下。

（1）在“持有资产”界面点击“赎回”按钮；

（2）输入赎回的份额与交易密码后，点击“确认”按钮即可完成产品的卖出，将资金回笼。

阿里理财——余额宝

在支付宝旗下，有一款当下非常火爆的投资产品——余额宝。余额宝是支付宝为个人用户打造的一项余额增值服务，用户只要把钱转入余额宝中就可获得一定的收益，十分方便。

财里财外

在北京上班的小张，她上班不足两年，没什么存款，发了工资就搁在卡里，随用随取；也想过买点理财产品，但银行理财产品多数都是 5 万元起步，最后她只能放弃。2016 年随着余额宝收益越来越高，张小姐也试着买了 200 元，隔天看看收益就几分钱，但是操作挺方便的，每个月都转点钱进去，到 12 月份的时候她总共放了 2 万元。现在每天起床一看收益多了几块钱，心里就美滋滋的。

生财有道

投资余额宝，实际上是购买了一款由天弘基金提供的名为“增利宝”的货币基金，具有一定的收益。余额宝是目前非常流行的一种投资方式，作为普通投资者，投资余额宝有很多投资优势。

1. 入资方便

要投资余额宝是非常方便的，只要拥有支付宝账户，就可以投资余额宝。

在入资时，只需将支付宝内的资金转入余额宝中即可，另外也可以使用银行卡快速付款投资余额宝。

2. 收益稳定

余额宝投资的渠道是天弘基金增利宝货币基金，具有了货币基金的稳定收益。从历史收益率来看，余额宝的收益率稳定在 4.8% ~5.5%，这高于银行的定期存款利率，是非常适合稳定投资的产品。

3. 资金灵活

余额宝内资金支取方便，没有一般基金的交易限制，同时可以将余额宝内的资金直接用于支付。

除了以上的优势外，投资余额宝还有如下的一些交易细节要注意，这样才能准确“玩转”余额宝。

投资时间：余额宝的投资是没有时间限制的，投资者可以随时进行转入，但会有较为详细的份额确定时间。

转出限制：一个账户一天最多可操作 3 次转出至银行卡，不同的银行有不同的金额限制。

投资门槛：余额宝对于用户的最低购买金额没有限制，一分钱也可以转入余额宝中。

收益结算：余额宝是每日结算价格，并在次日显示收益。

节假日收益：货币基金在节假日是不进行份额确定的，因此在节假日转入余额宝的资金是没有收益的。

余额宝分期：余额宝分期是提供给余额宝用户专享的一种新型的支付方式。使用该种方式支付时，钱款都冻结在买家的余额宝账户上，钱款会在确认收货后的第 30 天才打款给卖家。在此期间钱款一直冻结在余额宝账户上，冻结期间的余额宝收益归投资者。

投资余额宝，对其收益的确定是必须要明确了解的，在入资和赎回过程中，都有需要详细注意的地方。

首先，余额宝投资货币基金，有一个份额确定的时间，一般转入的资金会在第二个工作日由基金公司进行份额确认，一旦确认基金份额就会开始计算收益。

余额宝的收益计入投资者的余额宝资金内，只有在份额确认后的第二日 15:00 以后，投资者才可查看自己的收益。

而在每天 15:00 后转入的资金会顺延 1 个工作日确认份额。

除了转入时的收益确定之外，资金转入转出的金额也有一定的限制。余额宝规定转入余额宝的电脑客户端证书用户，单笔转出最高 5 万元，单日最高 15 万元，单月最高 20 万元；非证书用户，单笔转出最高 2 万元，单日最高 2 万元，单月最高 20 万元。

使用手机客户端的，单笔最高转出 5 万元，单日最高 5 万元，单月最高 20 万元。另外，将余额宝资金转入银行卡的，不同的银行卡会有不同的规定，一般是单笔日累计 100 万元。

此外，资金的到账也有一定的限制，如果是急需用钱的投资者，最好详细了解相关内容。

腾讯理财——微信理财通

自从支付宝推出余额宝后，互联网金融大红大紫，许多的互联网大佬都跟风推出了自己的理财产品。而理财通就是一款非常受欢迎的理财产品，通过理财通我们可以非常方便地购买基金以便赚取收入。

财里财外

微信理财通共有 4 只货币基金，以 2015 年 3 月 12 日收益最高的“易方达基金易理财”为例，七日年化收益率为 5.05%，万份收益为 1.2037。七日年化收益率是指过去七天以来的平均收益率，但是当日所能获得的基金是根据万份收益来的，万份收益为 1.2037，也就是说 1 万块钱放在理财通易方达基金一天的收益是 1.2037 元，那么 10 万块钱一天的收益就是 12.037 元了，不足 1 分的舍去，实际收益就是 12.03 元。

生财有道

下面介绍微信理财的一些步骤和方法：

1. 将银行卡添加到微信账户

和其他的理财软件一样，要利用微信理财，首先需要将银行卡添加到微信账户上，具体操作如下：

①进入微信软件，登录之后切换到个人设置页面，点击“钱包”选项；

②在打开的页面中即可看到丰富的微信钱包服务，点击右上角的“银行卡”按钮；

③在打开的页面中直接输入微信支付密码（支付密码可在个人账户选项中设置）；

④软件自动进入银行卡信息页面，输入持卡人姓名及银行卡卡号，点击“下一步”按钮；

⑤在打开的页面中系统自动设置银行卡银行，输入个人手机号码，点击“下一步”按钮；

⑥在打开的页面中输入手机收到的验证码，点击“下一步”按钮即可完成银行卡的添加。

2. 购买微信理财通产品

银行卡添加成功后就可以开始购买相关产品了。微信和多家银行及基金公司合作，同样有着较为丰富的产品，如与招商银行的招利阅读理财等定期理财产品以及易方达货币基金产品等。

下面就以其中一款为例，来看看具体的购买流程：

①在登录个人微信之后，在微信“钱包”页面中点击“理财通”按钮；

②在打开的页面中可看到微信正在销售的理财产品及收益情况，点击要购买的产品选项；

③进入该产品的产品介绍页面，详细查看其收益走势及风险情况，点击“买入”按钮；

④在打开的页面中输入买入的金额，选择买入支付方式，点击“立即买入”按钮。

淘宝理财——理财产品也能上淘宝买

淘宝理财涵盖了多种产品，包括基金、保险以及之前推出的余额宝。保险理财产品是保险公司发行的偏理财类保险产品。在淘宝基金平台购买基金的整个过程就类似于在淘宝上买宝贝一样。当然，购买过程中也需要作风险测评以及签订同意开户。

财里财外

据淘宝理财公布数据显示，淘宝理财上，年龄最小的“95后”成为理财消费的主力，18~23岁（在淘宝理财上，年满18周岁的实名注册用户方可购买理财产品）的“95后”最为活跃，他们占总用户数的59.6%，超过半数；23~33岁的“80、90后”用户则占总用户21.7%，其他则为33岁以上人群。

生财有道

淘宝理财深受广大青年的欢迎，那么如何在淘宝上理财呢？下面介绍一些淘宝理财的技巧。

1. 挑选产品

淘宝理财平台可以使用淘宝网的账户直接登录，用户打开淘宝理财主页登录后，即可挑选自己需要的理财产品。

（1）打开淘宝网理财首页，单击自己关心的理财产品；

（2）用户在这里可任意挑选理财产品；

（3）单击任意理财产品即可进入到产品详细页面；

（4）在产品介绍页面中可以看到宝贝详情、月成交记录、历史收益回报等信息。

2. 风险测试

如果是第一次在淘宝网购买理财产品，在产品介绍界面中单击“购买”按钮后，会跳转至风险测试页面，可以对自己进行风险测试，也可以选择跳过。对于新手来说，最好是得出测试结果后再考虑购买具体的产品。风险一般是单选题。

答题完毕即可得到自己的测试结果，确认自己的风险承受能力适合该理财产品后，可单击“继续购买”按钮购买产品。

3. 购买理财产品

淘宝理财平台的产品可以使用支付宝付款购买，其具体操作步骤如下：

用户在产品介绍界面单击“购买”按钮，或在风险测试完毕后单击“继续购买”按钮，即可进入“确认订单信息”页面。

确认信息无误后单击“继续”按钮，即可进入到支付宝付款界面。

理财小测试：1分钟测测你是哪一款投资者

此测试题为计分式，答案是根据每道题选项的分数值累加得到的，请大家统计好自己的分数：肯定答案得1分，否定答案得0分。第11题选A得1分，选B得0分。

1. 买东西时，会不会不由自主地算算店主可能会赚多少钱?

2. 如果有一个能赚钱的项目，而你又没钱，你会借钱来投资吗?

3. 你会愿意下海经商而放弃拿高薪固定工资吗?

4. 除了当前的本职工作，自己还有别的一技之长吗?

5. 你对于新鲜事物的反应很敏感吗?

6. 在生活或工作上你敢于冒险吗?

7. 在碰到问题时，你能很快决策吗?

8. 你会不会经常计划该如何找机会去挣钱?

9. 对于难以预测的突发事件，你善于去应对吗?

10. 买东西时你要么不还价，一还价就绝对不会顾及面子而大还特还?

11. 时间相对自由的周五下午，你是宁愿多跑几个客户，还是会去喝下午茶放松自己?

A. 跑客户

B. 喝下午茶

答案解析：

A. 8~11分 投资类型：大胆型

高手指数：70%

投资特色：风险高，热门度高

理财建议：不要再跟随别人的节奏，走自己的路，即使收益小点儿，稳妥才是关键。

B. 6~7 分 投资类型：长远型

高手指数：95%

投资特色：放长线钓大鱼

理财建议：你的缺点是太顽固，太过于固守自己的看法，多关注市场上的信息，这样才能更好地理财。

C. 4~5 分 投资类型：变动型

投资特色：普遍撒网、重点捕捞

投资建议：由于你太过于变动，往往一个理财产品还没在自己手上得到收益，你已经把它抛售出去，导致没钱赚。你应该多多锻炼自己的定力，做事情要有恒心。

D. 0~3 分 投资类型：固定型

投资特色：投资意识薄弱

投资建议：如果不敢投资，也不知道如何去投资，那就多听听专业人士的意见，或直接找职业理财专员去操作。

参考文献

[1] 李昊轩 . 一本书读懂投资理财学 [M]. 北京：中国华侨出版社 .2010

[2] 位涛 . 投资理财 [M]. 北京：电子工业出版社 .2012

[3] 冯少杰 . 看懂经济数据，学会投资理财 [M]. 北京：人民邮电出版社 .2013

[4] 李耀东、李钧 . 互联网金融 [M]. 北京：电子工业出版社 .2014

[5] 李昊轩 . 不懂投资理财，你就穷忙一辈子 [M]. 北京：中国商业出版社 .2014

[6] 林锰 . 读懂投资理财学的第一本书 [M]. 海南：南海出版公司 .2014

[7] 兰晓华 . 人人都要会理财——互联网金融时代理财知识必读 [M]. 北京：电子工业出版社 .2014

[8] 于烨 . 一本书读懂投资理财学（升级版）：从零开始学理财 [M]. 北京：北京时代华文书局 .2015

[9] 陈涛涛 . 每天学点投资理财 [M]. 北京：中国法制出版社 .2015

[10] 卢明明 . 投资理财必备的金融常识全知道 [M]. 北京：中国铁道出版社 .2015

[11] 葛存山 . 互联网金融投资理财一册通 [M]. 北京：人民邮电出版社 .2015

[12] 胡新 . 互联网金融平台投资理财 [M]. 北京：清华大学出版社 .2015

[13] 汪思冰，郝登樊 . 投资理财 [M]. 北京：国防工业出版社 .2016

[14] 褚超 . 互联网 + 投资理财 [M]. 北京：人民邮电出版社 .2016

[15] 程侠义、魏艳 . 互联网 +：金融理财新玩法 [M]. 北京：化学工业出版社 .2016